AF599847

ACCESO GRATIS *a la Lectura en la Nube*

Para visualizar el libro electrónico en la nube de lectura envíe junto a su nombre y apellidos una fotografía del código de barras situado en la contraportada del libro y otra del ticket de compra a la dirección:

ebooktirant@tirant.com

En un máximo de 72 horas laborales le enviaremos el código de acceso con sus instrucciones.

La visualización del libro en **NUBE DE LECTURA** excluye los usos bibliotecarios y públicos que puedan poner el archivo electrónico a disposición de una comunidad de lectores. Se permite tan solo un uso individual y privado

MÁS ALLÁ DE LOS ALGORITMOS: REFLEXIONES SOBRE ÉTICA E INTELIGENCIA ARTIFICIAL EN LA ERA DIGITAL

MÁS ALLÁ DE LOS ALGORITMOS: REFLEXIONES SOBRE ÉTICA E INTELIGENCIA ARTIFICIAL EN LA ERA DIGITAL

David Luna y María Paula Forero
Autores
Alfredo Luna
Investigador

tirant lo blanch
Bogotá D.C., 2024

En caso de erratas y actualizaciones, la Editorial Tirant lo Blanch publicará la pertinente corrección en la página web www.tirant.com/co

Luna, David, autor.

Más allá de los algoritmos: reflexiones sobre ética e inteligencia artificial en la era digital / autores. David Luna y María Paula Forero ; investigador: Alfredo Luna. – Primera edición. – Bogotá: Tirant lo Blanch, 2024.

102 páginas.

Incluye referencias bibliográficas al final de cada capítulo.

ISBN: 978-84-1171-131-0

1. Inteligencia artificial – Aspectos morales y éticos. 2. Administración digital. 3. Igualdad de género. 4. Derechos de autor. I. Forero, María Paula, autora. II. Luna, Alfredo, investigador. III. Título.

LC: Q334.7

CDD: 006.301 ed. 23

Catalogación en publicación de la Biblioteca Carlos Gaviria Díaz

EDITA: TIRANT LO BLANCH
Calle 11 # 2-16 (Bogotá D.C.)
Telf.: 4660171
Email:tlb@tirant.com
www.tirant.com/co
Librería virtual: www.tirant.com/co
ISBN: 978-84-1071-131-0
MAQUETA: Innovatext

Si tiene alguna queja o sugerencia, envíenos un mail a: *atencioncliente@tirant.com*. En caso de no ser atendida su sugerencia, por favor, lea en *www.tirant.net/index.php/empresa/politicas-de-empresa* nuestro Procedimiento de quejas.

Responsabilidad Social Corporativa: *http://www.tirant.net/Docs/RSCTirant.pdf*

Índice

CAPÍTULO 4

CAPÍTULO 5.

CAPÍTULO 6.

Introducción:
La urgencia de una conversación pública

Las revoluciones industriales están marcadas por avances tecnológicos que redefinen nuestra manera de relacionarnos con el mundo, las cuales generan oportunidades y desafíos en su aplicación con promesas de cambio, transformación y progreso. La cuarta revolución industrial no es la excepción, de hecho, en los últimos años la inteligencia artificial (IA), como tecnología disruptiva, promete revolucionar el empleo, la calidad de vida, las relaciones sociales y la interacción con el medioambiente.

Sin embargo, el avance de la IA también ha planteado una serie de dilemas éticos y morales que exigen un análisis profundo para lograr entender sus dinámicas. La IA más que un conglomerado de algoritmos y códigos es un catalizador del cambio social, económico y cultural y tiene el potencial de modificar las actividades cotidianas y las estructuras económicas. Dependerá entonces, de su estudio minucioso, maximizar sus utilidades y contrarrestar sus desafíos.

Este informe analiza estudios, marcos éticos y legislación sobre el uso y aplicación de la inteligencia artificial con el fin de explorar cómo poder garantizar su despliegue de forma justa y equitativa y cómo establecer salvaguardas que eviten el avance de las desigualdades en la sociedad.

La conversación sobre los dilemas éticos de la IA debe ser parte de la agenda pública, y quienes toman las decisiones deben contemplar sus avances, las investigaciones y opiniones de sus expertos y los riesgos a los que se enfrentan quienes no han tenido la oportunidad de interactuar directamente con ella. El papel de los gobiernos, las empresas, los educadores y demás actores interesados en la adopción de la inteligencia artificial debe promover el bienestar común de forma tal que refleje los valores y principios éticos de la ciudadanía.

Este informe pretende explorar a profundidad los beneficios y retos del uso de la inteligencia artificial teniendo como principio un marco ético sólido. Cada capítulo nos llevará a través de un análisis detallado de aspectos en los que la IA tiene influencia, lo cual proporcionará un panorama completo de las implicaciones éticas y regulatorias en esta nueva era digital. Este texto contiene seis capítulos en los que se abordarán los siguientes temas:

Capítulo 1. Regulación y ética en la era de la inteligencia artificial: un análisis comparativo internacional: exploraremos las regulaciones internacionales en otros países y la forma en que estos abordan los desafíos éticos para una regulación efectiva y ética.

Capítulo 2. Diversidad racial y religiosa en un mundo algorítmico consideraciones éticas en el uso de la IA: analizaremos los desafíos éticos que surgen en la creación y aplicación de algoritmos con relación a la diversidad racial y religiosa, así como las formas de evitar sesgos y promover la equidad en un contexto global.

Capítulo 3. Equidad de género en el mundo digital: desafíos y oportunidades de la IA: examinaremos las oportunidades y los obstáculos para lograr una representación equitativa en la industria tecnológica y cómo la IA puede influir en esta dinámica.

Capítulo 4. Ecoalgoritmos: sostenibilidad ambiental en la era de la inteligencia artificial: analizaremos la contribución de la IA en la sostenibilidad ambiental; desde la gestión de recursos hasta la mitigación del cambio climático, y cómo garantizar que estos avances sean éticos y respetuosos con el medio ambiente.

Capítulo 5. Hacia un gobierno digital: la revolución de la IA en la administración pública: este penúltimo capítulo examina la influencia de la inteligencia artificial en la transformación digital de los gobiernos, desde sus beneficios en la eficiencia administrativa hasta las preocupaciones éticas y prácticas en la creación de sesgos y la privacidad de los datos personales de los ciudadanos.

Capítulo 6. Derechos de autor en la era digital: Dialogando con la inteligencia artificial: este último capítulo analizará la intersección entre el derecho de autor y la inteligencia artificial (IA) y cómo se han generado complejas y fascinantes consideraciones legales y éticas. En este contexto, se explorará la evolución de las regulaciones, los desafíos éticos y los impactos en los países en desarrollo, considerando cómo las políticas actuales y propuestas moldean el panorama de la IA y el derecho de autor.

Este informe no pretende crear máximas absolutas o regulaciones estrictas en la materia, por el contrario, intenta desarrollar cuestiones éticas en el avance de la inteligencia artificial y generar recomendaciones en su aplicación para anteponerse a una realidad innegable: la IA cambiará la forma en la que comprendemos el empleo, el medioambiente, las dinámicas de género, raza y religión, es por ello por lo que se debe desarrollar un punto medio en su aplicación, que no frene su desarrollo y sí lo promueva en tanto reduce sus desafíos. Con este informe pretendemos que la inteligencia artificial en lugar de ser un instrumento que perpetúe brechas y desigualdad sea una herramienta que las cierre.

Capítulo 1.

Regulación y ética en la era de la inteligencia artificial: un análisis comparativo internacional

En los últimos años, la inteligencia artificial ha revolucionado la sociedad y ha impulsado una serie de avances tecnológicos que repercuten en áreas que van desde el empleo y la accesibilidad a créditos bancarios, hasta la realización de tareas en el ámbito de la salud que anteriormente parecían inimaginables. Con la amplia implementación de la IA han surgido dilemas éticos relacionados con sus usos y las responsabilidades que deben considerarse al emplear una tecnología de esta magnitud. Por tal razón, se han iniciado conversaciones alrededor del mundo con el objetivo de establecer regulaciones y marcos normativos que definan los límites de su funcionamiento en aras de proteger los derechos humanos, promover la igualdad para todos y evitar la discriminación a través de medios tecnológicos.

Este capítulo tiene como objetivo exponer los avances regulatorios a nivel global y examinar los marcos éticos que hoy rigen la implementación de la IA. A fin de lograrlo, se llevará a cabo una revisión bibliográfica que abordará los enfoques adoptados en América del Norte, la Unión Europea, Asia y Latinoamérica mediante un análisis comparativo de las distintas tendencias.

CANADÁ

En el 2017 Canadá estableció la *Estrategia Pan-Canadiense de IA* con el objetivo de consolidarse como líder mundial en la investigación y aplicación de la inteligencia artificial. Esta iniciativa incluyó una inversión significativa de 125 millones de dólares destinados a la investigación y desarrollo de las tendencias en este campo. Los principales objetivos de la estrategia eran aumentar el número de investigadores y graduados en inteligencia artificial en el país, fomentar la colaboración entre instituciones especializadas y atraer y retener talento de las universidades canadienses (CIFAR, 2017).

La Estrategia Pan-Canadiense de IA fue creada entre el Ministerio Federal de Innovación, Ciencia y Desarrollo Económico y el Canadian Institute for Advanced Research (CIFAR). Su visión a largo plazo apunta a que para el año 2030, Canadá será reconocido por contar con uno de los ecosistemas nacionales de IA más sólidos del mundo. Este ecosistema se centra en la excelencia científica, una formación de alta calidad y una abundante concentración de talento, con el propósito de brindar beneficios positivos en términos sociales, económicos y medioambientales tanto para las personas, como para el planeta (CIFAR, 2017).

La estrategia se fundamenta en tres pilares: apoyo a la comercialización, desarrollo y adopción de normas, y la atracción y retención de talento para la investigación. El primero de estos pilares busca vincular el sector público y el privado para facilitar la incorporación de herramientas de inteligencia artificial en aplicaciones comerciales y fortalecer la capacidad de las empresas para adoptar nuevas tecnologías. El segundo pilar, en colaboración con el Consejo de Normas de Canadá, se concentra en el desarrollo de una Evaluación de Impacto Algorítmico, cuyo propósito es garantizar la calidad y seguridad de los productos y servicios de IA en el entorno canadiense (ICEX, 2022). Por último, el tercer pilar pretende mejorar y consolidar programas especializados que fomenten la retención y atracción de talento para la investigación académica en el campo de la IA (ICEX, 2022).

En 2019, tras la publicación de la primera estrategia, Canadá estableció el Consejo Asesor sobre Inteligencia Artificial, un órgano encargado de asesorar al Gobierno en la consolidación del liderazgo global del país en el campo de la IA. Su misión es identificar oportunidades de crecimiento económico y garantizar que los avances en IA reflejen los valores canadienses (Gobierno de Canadá, 2022).

En el 2021 este consejo llevó a cabo una encuesta nacional con el propósito de evaluar el interés de los ciudadanos en asuntos relacionados con la inteligencia artificial y medir su nivel de alfabetización en esta área. El objetivo era generar un informe que resumiera la información recopilada. El informe reveló que aproximadamente el 75 % de los encuestados se consideraban familiarizados con la IA en tanto un 70 % podía distinguir si una plataforma utiliza o no inteligencia artificial (Gobierno de Canadá, 2022).

A pesar de la creciente adopción de esta tecnología en Canadá, la mayoría de los encuestados expresó que se debían desarrollar normas que garantizaran la protección de los ciudadanos y la seguridad laboral de los trabajadores dado que la IA carece de la capacidad para tomar decisiones éticas en contextos específicos.

Siguiendo las recomendaciones del informe previamente mencionado, en 2022 se presentó el Proyecto de Ley C-27, conocido como la Ley de Inteligencia Artificial y Datos (Ley AIDA), como parte del marco federal de protección de datos y privacidad del consumidor. Esta ley tiene como objetivo establecer requisitos comunes para el diseño, desarrollo y despliegue de sistemas de IA, además de prohibir ciertas prácticas que puedan resultar en daños significativos para las personas o sus intereses (ICEX, 2022, pág. 12).

La Ley AIDA, que aún se encuentra en discusión, impone obligaciones a las empresas privadas que actualmente desarrollan o utilizan sistemas de inteligencia artificial. Entre estas obligaciones se destaca la necesidad de implementar medidas para identificar, evaluar y mitigar los riesgos y sesgos en los algoritmos. Asimismo, las empresas deben establecer mecanismos de supervisión de estas mitigaciones y deben garantizar total transparencia en cuanto a cómo pretenden utilizar la inteligencia artificial, qué tipo de decisiones, recomendaciones o predicciones genera, y cualquier otra información relevante para garantizar la transparencia de los algoritmos.

En 2023 el Instituto de IA de Deloitte Canadá publicó un informe que destaca los impactos significativos a nivel social y económico desde la creación de la Estrategia Pan-Canadiense de IA. Canadá se ha posicionado en el primer lugar en la tasa promedio de concentración de talento en IA entre los países del G7. Además, se observa un aumento del 25 % en el número de patentes en este campo en el periodo 2021-2022 y un impresionante incremento del 57 % en el 2022-2023, situando a Canadá en la segunda posición entre los países del G7 en este último año. Es importante destacar que Canadá es líder mundial en la inclusión de talento femenino en la IA, con un aumento porcentual del 67 % desde el 2019 hasta el 2022. Por otro lado, Canadá es el país del G7 que generó más publicaciones sobre inteligencia artificial per cápita en 2022.

ESTADOS UNIDOS

Según el Índice Global de Inteligencia Artificial (2023), Estados Unidos es líder en inversión, innovación e implementación de la IA. Estos resultados son el producto de una serie de recomendaciones que se han venido implementando en el país desde el 2016 en el gobierno de Barack Obama.

Con el objetivo de mantener su posición de liderazgo en el campo de la inteligencia artificial, el Consejo Nacional de Ciencia y Tecnología publicó el informe *Preparing for the future of Artificial Intelligence.* Este informe buscaba proporcionar recomendaciones a las agencias federales para garantizar marcos éticos en el desarrollo de esta tecnología. Se enfocó en tres aspectos fundamentales: la aplicación de la IA para el bienestar común, la regulación de la IA y los impactos económicos de su uso.

En cuanto a las recomendaciones del primer aspecto, se destaca el potencial de la inteligencia artificial para mejorar la vida de los ciudadanos y abordar los desafíos actuales. El informe insta, tanto a las instituciones públicas como a las privadas, a examinar cómo pueden aprovechar de manera responsable esta tecnología. También sugiere que las instituciones de políticas públicas consideren colaborar con investigadores para aprovechar las tecnologías avanzadas y la ciencia de datos en la solución de problemas sociales. Además, alienta a las agencias federales a priorizar el uso de datos de entrenamiento abiertos en IA y a promover una política de datos abiertos para la IA, que utilice datos gubernamentales para impulsar la investigación en inteligencia artificial y promover mejores prácticas en el Gobierno, la academia y el sector privado (Consejo Nacional de Ciencia y Tecnología, 2016).

En el ámbito de regulación, el informe subraya la importancia de un enfoque equilibrado que considere cuidadosamente: «La protección de los ciudadanos basada en una evaluación de los riesgos que la incorporación de la IA puede reducir, así como los riesgos que puede aumentar». (Consejo Nacional de Ciencia y Tecnología, 2016, p. 17). Se destaca la necesidad de encontrar un equilibrio entre fomentar la adopción de innovaciones y salvaguardar los intereses de los ciudadanos sin obstaculizar el desarrollo del mercado en este campo. Para lograrlo, se recomienda que las agencias federales cuenten con equipos técnicos especializados que brinden orientación en la toma de decisiones regulatorias.

En tercer lugar, en lo que respecta a los impactos económicos de la IA, se sugiere considerar el efecto que esta tecnología tiene en la automatización de tareas y diseñar políticas que respalden los beneficios de la IA mientras se atenúan sus riesgos, especialmente en el ámbito laboral. Se hace hincapié en el riesgo de que la IA pueda eliminar o reducir los salarios en ciertos empleos, lo que resalta la necesidad de implementar políticas que aseguren que los beneficios económicos de la IA se distribuyen equitativamente y contribuyen a reducir las desigualdades en este aspecto.

Posteriormente, en el 2020, el Departamento de Defensa de Estados Unidos emitió una serie de recomendaciones bajo el título de *5 Principios éticos de inteligencia artificial*. Estos principios establecen:

1. Responsabilidad: Los funcionarios deben hacer uso de la IA con absoluta responsabilidad tanto en su desarrollo como en su despliegue.
2. Equidad: Los funcionarios deben tomar las medidas necesarias para minimizar los riesgos de los sesgos algorítmicos.
3. Trazabilidad: El uso de herramientas de inteligencia artificial por el Departamento de Defensa se llevará a cabo mediante metodologías transparentes y auditables, tanto en lo que respecta a las fuentes de datos como al diseño y documentación de estas tecnologías.
4. Confianza: Los recursos que incorporen inteligencia artificial deben tener usos claros, definidos y explícitos para el público. Se garantizará su eficacia y efectividad mediante pruebas continuas para mitigar riesgos.
5. Control: El Departamento de Defensa desarrollará herramientas que permitan detectar y evitar riesgos no deseados en el uso de la inteligencia artificial. Se garantizará que estas herramientas tengan la capacidad de ser desconectadas o desactivadas cuando muestren un comportamiento no deseado (Departamento de Defensa, 2020).

En el mismo año, el Gobierno de Estados Unidos publicó una consulta pública que buscaba recolectar comentarios sobre el informe *Guidance for Regulation of Artificial Intelligence Applications*. Este documento proporcionaba directrices a las agencias federales sobre cómo desarrollar tecnologías habilitadas por la inteligencia artificial con el propósito de reducir las barreras para su adopción. Esta consulta pública tenía como objetivo respaldar la orientación de Estados Unidos hacia el capitalismo de libre mercado, el federalismo y las buenas prácticas regulatorias, al mismo tiempo que protegía la tecnología estadounidense, la seguridad económica y nacional, la privacidad, las libertades civiles y otros valores nacionales (Executive Office of the President, 2020).

El informe recomienda a los reguladores abstenerse de realizar reglamentaciones que obstaculicen el crecimiento de esta industria a fin de que Estados Unidos siga siendo un líder global en materia de inteligencia artificial. Por el contrario, deberán crear enfoques preventivos que impongan altos estándares de calidad al desarrollo de estas tecnologías, así como garantizar el aprovechamiento de su potencial.

En el 2022 la Casa Blanca publicó el *Blueprint for an AI Bill of Rights*, documento que contenía directrices éticas de IA para las entidades gubernamentales en donde se establecieron cinco principios éticos: seguridad y efectividad de los sistemas, protección hacia la discriminación algorítmica, privacidad de los datos, comprensión del uso de los sistemas automatizados y consideraciones sobre el uso de alternativas humanas.

Las recomendaciones relacionadas con el primer principio; que se refiere a la seguridad y efectividad de los sistemas, subrayan la importancia de desarrollar estas tecnologías con la contribución de comunidades diversas para evitar la discriminación de grupos específicos (Oficina de Política de Ciencia y Tecnología de la Casa Blanca, 2022). Se destaca la necesidad de someter los sistemas a pruebas previas para identificar y mitigar riesgos antes de su implementación, así como de mantener un monitoreo continuo para asegurar su efectividad y seguridad. Además, se aduce que una de las medidas de protección clave debe ser la capacidad de retirar una tecnología en caso de detectar discriminación, ya que las soluciones de inteligencia artificial no deben ser diseñadas con la intención de perjudicar o poner en riesgo a ningún grupo de la población en particular.

Por otro lado, la discriminación algorítmica se produce cuando «Los sistemas automatizados de IA utilizan algoritmos que contribuyen a un trato injustificado hacia personas en función de su raza, color, etnia, sexo, religión, edad, origen nacional, discapacidad u otras clasificaciones protegidas por la ley». (Oficina de Política de Ciencia y Tecnología de la Casa Blanca, 2022, pág. 5).

En este sentido se recomienda que los algoritmos sean empleados y diseñados de manera equitativa con el fin de proteger a aquellos ciudadanos en riesgo de ser víctimas de discriminación algorítmica. Esta protección debe darse desde el diseño de las herramientas, incluyendo evaluaciones de riesgos y el uso de datos que representen a las poblaciones vulnerables.

De igual forma, se recomienda garantizar que los ciudadanos en condición de vulnerabilidad tengan participación activa en la evaluación y mitigación de riesgos relacionados con la discriminación algorítmica. Esto debe incluir mecanismos para que estas poblaciones expresen libremente sus preocupaciones y reporten posibles casos de discriminación. Se sugiere que diseñadores, desarrolladores y operadores de sistemas automatizados de IA garanticen la accesibilidad y efectividad de dichas medidas para todas las poblaciones, mediante pruebas de disparidad presentadas en un lenguaje claro y comprensible.

En cuanto a la protección de datos, el informe destaca la importancia de que los ciudadanos tengan control sobre los datos personales utilizados en las aplicaciones de inteligencia artificial, garantizando que solo se recopilen aquellos datos estrictamente necesarios y se cuente siempre con el permiso para la recopilación, uso, acceso, transferencia y eliminación de estos (Oficina de Política de Ciencia y Tecnología de la Casa Blanca, 2022).

Además, se debe garantizar que los sistemas no impongan predeterminaciones que afecten la privacidad de los usuarios y que las solicitudes de consentimiento se presenten de manera breve, sencilla y comprensible para cualquier persona. Del mismo modo, aquellas herramientas que manejen datos sensibles, como en el sector de la salud o la justicia, deben contar con una protección más sólida para prevenir posibles riesgos y salvaguardar las libertades individuales de los ciudadanos.

En octubre de 2023, el presidente Biden emitió una orden ejecutiva destinada a salvaguardar a los ciudadanos de los riesgos asociados con la inteligencia artificial. Esta orden establece medidas de control para prevenir fraudes en los contenidos generados, imponiendo a los desarrolladores la responsabilidad de crear herramientas que garanticen la seguridad y confiabilidad de sus programas. Asimismo, se enfatiza la importancia de informar a los ciudadanos acerca de los contenidos generados por inteligencia artificial con el fin de proteger la privacidad de la población.

UNIÓN EUROPEA

Con el objetivo de establecer directrices y recomendaciones en el campo de la inteligencia artificial, la Unión Europea (UE) ha emitido una serie de informes desde 2017 que delinean su postura frente a los dilemas éticos inherentes a esta tecnología. El primero de ellos surgió como una revisión de la *Estrategia para el Mercado Único Digital*, publicada originalmente en 2015, cuya intención era actualizar el documento y proporcionar pautas para que los países miembros de la UE pudieran aprovechar las oportunidades de Internet y las tecnologías emergentes. Estas directrices subrayan la necesidad de que la UE se posicione como líder en el desarrollo de tecnologías, plataformas y aplicaciones en este ámbito (Comisión Europea, 2017) e implica no solo el fomento de la innovación, sino también asegurar la protección de los datos personales, los derechos digitales y las normas éticas que rigen las directrices de la Unión Europea. Un elemento fundamental del informe consiste en proponer que se facilite el intercambio de datos entre los miembros de la Unión Europea así como establecer estrategias de datos abiertos que permitan enriquecer el suministro utilizado por estas herramientas tecnológicas. Asimismo, se busca que el desarrollo de la inteligencia artificial esté sujeto a una regulación que promueva la innovación en consonancia con los valores y derechos fundamentales propugnados por la UE, como son la rendición de cuentas y la transparencia.

Por otro lado, se hace mención a los principios generales inherentes al desarrollo de la robótica y la inteligencia artificial de uso civil, señalando de manera particular que la Unión Europea debe reconocer a los robots inteligentes como «aquellos que cuentan con la capacidad de adquirir autonomía mediante sensores y mediante el intercambio de datos con su entorno y el intercambio y análisis de dichos datos» (Comisión Europea, 2017) y que su desarrollo debe orientarse a complementar las capacidades humanas y no a sustituirlas y de esta forma garantizar el control de los seres humanos sobre las máquinas inteligentes.

En el 2018, la Comisión Europea publica la *Comunicación Inteligencia Artificial para Europa,* en la cual destaca la capacidad que tiene la IA para abordar desafíos en áreas como la salud, luchar contra el cambio climático y combatir amenazas de ciberseguridad. Se reconoce en el informe que el «crecimiento de la capacidad informática, la disponibilidad de datos y los avances en los algoritmos han convertido la IA en una de las tecnologías más estratégicas del siglo XXI». (Comisión Europea, 2018).

En vista de lo anterior, el informe subraya que los esfuerzos de la Unión Europea deben centrarse en liderar el desarrollo de esta tecnología, aprovechando recursos como la inversión en laboratorios, empresas emergentes y formación de investigadores, con el objetivo de impulsar el campo de la robótica. También se enfatiza en promover la creación de normas comunes entre los países miembros para garantizar la protección de datos y la libre circulación de los mismos en todo el territorio.

El informe destaca algunos desafíos relacionados con la implementación de la inteligencia artificial en Europa, como la necesidad de preparar y educar a la sociedad en el uso de la IA, lo cual implica educar en competencias digitales básicas y enfocarse en trabajos menos calificados que podrían enfrentar cambios o reemplazos debido a la automatización, la robótica y la inteligencia artificial

Asimismo, señala que el desarrollo y la aplicación de herramientas basadas en inteligencia artificial llevarán a la creación de nuevos perfiles profesionales, centrados en el desarrollo de algoritmos de aprendizaje y otras habilidades tecnológicas. Por lo tanto, es esencial fomentar el interés de los jóvenes en áreas relacionadas con la inteligencia artificial para aumentar el número de profesionales en este campo, garantizando la diversidad en términos de género, origen étnico y la inclusión de personas con discapacidades. El objetivo es que la IA sea integradora y no discriminatoria (Comisión Europea, 2018).

En 2020 la Comisión Europea publicó el *Libro Blanco sobre la inteligencia artificial* con el propósito de establecer un marco regulatorio que salvaguarde los valores y derechos fundamentales, al mismo tiempo que permita a Europa convertirse en líder mundial en innovación de economía de datos y sus aplicaciones (Comisión Europea, 2020). El texto reconoce el potencial de la inteligencia artificial en términos de contribuir a los Objetivos de Desarrollo Sostenible y al Pacto Verde Europeo, pero enfatiza en la necesidad de brindar directrices de políticas públicas que garanticen un desarrollo seguro y sostenible de la IA en Europa.

Para alcanzar estos objetivos, el *Libro Blanco* establece dos pilares esenciales: incentivar la adopción de soluciones basadas en IA, especialmente entre las pequeñas y medianas empresas; y garantizar el cumplimiento de las normativas de la Unión Europea en lo relacionado a la protección de derechos fundamentales y derechos de los consumidores. Estos dos pilares se pondrán en marcha mediante un conjunto de 70 acciones que deberán desarrollarse antes del 2027. Estas acciones fomentarán la cooperación entre los estados miembros de la Unión Europea en como la investigación, la inversión, la introducción en el mercado, el desarrollo de capacidades y talento y la gestión de datos.

Entre las acciones propuestas se destacan la creación de centros de excelencia y pruebas para el desarrollo de tecnologías y aplicaciones basadas en IA, el respaldo y establecimiento de redes de universidades y centros educativos para atraer a científicos y académicos dedicados a la investigación en IA, la formación de una asociación público-privada en los campos de la inteligencia artificial, la articulación de investigaciones e innovaciones basada en los datos y la robótica y la implementación de un sólido marco regulatorio que garantice la protección de los ciudadanos.

En 2021, la Comisión Europea publicó el *Reglamento del Parlamento Europeo y del Consejo* (Ley de Inteligencia Artificial) en el que se establecen normas armonizadas en materia de inteligencia artificial y se refuerzan las normativas sobre el desarrollo de esta tecnología en la legislación de la Unión Europea. Esta regulación se desarrolló con el fin de cumplir cuatro objetivos específicos:

> 1. Garantizar que los sistemas de IA introducidos y usados en el mercado de la UE sean seguros y respeten la legislación vigente en materia de derechos fundamentales y valores de la Unión.
>
> 2. Garantizar la seguridad jurídica para facilitar la inversión e innovación en IA.
>
> 3. Mejorar la gobernanza y la aplicación efectiva de la legislación vigente en materia de derechos fundamentales y los requisitos de seguridad aplicables a los sistemas de IA.
>
> 4. Facilitar el desarrollo de un mercado único para hacer un uso legal, seguro y fiable de las aplicaciones de IA y evitar la fragmentación del mercado». (Comisión Europea, 2021).

Esta ley de inteligencia artificial establece requisitos mínimos en términos de gestión de riesgos con el objetivo de prevenir y mitigar los problemas derivados de su uso y no están diseñados para obstaculizar ni impedir el avance tecnológico.

Por su parte, la legislación prohíbe ciertas prácticas como el uso de técnicas subliminales que puedan alterar la conciencia o el comportamiento de las personas, el aprovechamiento de vulnerabilidades de grupos específicos y la realización de clasificaciones de conducta social, así como la implementación de sistemas de identificación biométrica en tiempo real, entre otras restricciones (Comisión Europea, 2021).

La ley clasifica los sistemas de IA como *sistemas de alto riesgo* en los casos en que se utilizan como componentes de seguridad, si causan daños a la salud, si conllevan riesgos para los derechos fundamentales, o generan vulnerabilidades en «circunstancias económicas o sociales, o de edad». (Comisión Europea, 2021).

En lo relacionado a la gestión de riesgos la ley establece que se implementará un mecanismo por etapas para los sistemas de IA clasificados como de alto riesgo, consistente en:

> A. La identificación y el análisis de los riesgos conocidos previsibles vinculados a cada sistema de IA de alto riesgo;
>
> B. La estimación y la evaluación de los riesgos que podrían surgir cuando el sistema de IA de alto riesgo en cuestión se utilice conforme a su finalidad prevista y cuando se le dé un uso indebido razonablemente previsible;
>
> C. La evaluación de otros riesgos que podrían surgir a partir del análisis de los datos recogidos con el sistema de seguimiento posterior a la comercialización (...)
>
> D. La adopción de medidas oportunas de gestión de riesgos». (Comisión Europea, 2021).

Asimismo, la ley regula que los sistemas de IA deben ofrecer un nivel de transparencia para el usuario mediante el suministro de instrucciones de uso concisas, completas, correctas, claras, accesibles y comprensibles. Para garantizar esto, la Ley de Inteligencia Artificial argumenta que los sistemas de alto riesgo deben ser rigurosamente supervisados por individuos con el fin de «prevenir o minimizar los riesgos para la salud, la seguridad y los derechos fundamentales». (Comisión Europea, 2021).

La Ley de Inteligencia Artificial fue aprobada en diciembre de 2023, siendo la primera región del mundo en regular de forma completa sus usos. El texto aprobado deberá entrar en rigor antes del 2026 y define las obligaciones y normas que regirán el uso de esta tecnología en la Unión Europea.

CHINA

Según el Índice Global de Inteligencia Artificial (2023), China es la segunda economía mundial después de Estados Unidos en el desarrollo y aplicación de tecnologías en IA, siendo clasificada con 62 puntos sobre 100 en materia de innovación, inversión e implementación.

China ha impulsado desde hace varios años una serie de normativas relacionadas con la inteligencia artificial. En el 2016 el Consejo de Estado Chino publicó el *13.º Plan Quinquenal Nacional sobre Innovación en Ciencia y Tecnología*, documento que esboza «los tres principios» (Ríos, 2016) que el país impulsaría hasta el 2020 para su desarrollo, en particular, el científico, con enfoque en la inteligencia artificial. El plan buscaba establecer acciones destinadas a la fabricación inteligente de dichas tecnologías para ocupar un rol de líder en el desarrollo de proyectos científicos internacionales.

En el 2017 el Consejo de Estado de China presentó el *Plan de Desarrollo de Inteligencia Artificial de Nueva Generación.* Este plan establecía la estrategia oficial del país para avanzar en el campo de la IA con el objetivo de convertirse, como afirmó Wand Zhigang (2017), viceministro de Ciencia y Tecnología, «En un líder global en el terreno de la ciencia y la tecnología». El plan promovía un sistema de innovación para fomentar la colaboración y la apertura del país a las nuevas tecnologías.

Por su parte, el plan también definió una «nueva generación de la IA», como aquella que involucra «la integración de múltiples disciplinas, la colaboración entre el ser humano y la máquina, así como la operación automática». (Xinhuanet, 2017).

Es así como el documento estableció una serie de objetivos divididos en tres etapas. El primero de ellos tenía como meta que para el año 2020, las empresas chinas incorporarían plenamente la tecnología de la IA, aprovechando recursos como la inteligencia de datos, la inteligencia *crossmedia,* la inteligencia híbrida y los sistemas autónomos, (Chang y Zhang, 2020) para convertirse en el nuevo motor del crecimiento económico del país y mejorar la calidad de vida de sus ciudadanos.

Con el segundo objetivo se espera que para el año 2025, China se posicione como líder global en la implementación de una nueva generación de tecnología de IA. Para el 2030, y como tercer objetivo, el país pretende contar con tecnología de vanguardia y desarrollar innovaciones inspiradas en la inteligencia humana para convertirse en el principal centro de innovación mundial en inteligencia artificial y referente global en la investigación internacional de esta tecnología.

Alcanzar estos objetivos será responsabilidad del Gobierno chino, quien deberá asumir tareas como la construcción de un sistema de innovación tecnológica abierto que fomente la colaboración con un enfoque particular en la investigación interdisciplinaria, la implementación de tecnologías fundamentales para la nueva generación de IA, el desarrollo de una plataforma de inteligencia artificial que respalde investigaciones y desarrollos en IA mediante el uso de software y hardware de código abierto y la mejora del sistema educativo para priorizar la formación e introducción de la inteligencia artificial con el propósito de fortalecer la reserva de talento en la materia, entre otras iniciativas (Guofa, 2017).

En adición a lo anterior, el plan reconoce la necesidad de abordar los riesgos que conlleva la inteligencia artificial, como «el desempleo, la perturbación de las éticas sociales e incluso el desafío a los principios de las relaciones internacionales» (Xinhuanet, 2017). Para afrontar estos desafíos, el plan establece directrices que promueven la capacitación de los ciudadanos en IA, asegurando que sus habilidades se adapten a las nuevas demandas del mercado laboral. Algunas de estas directrices resaltan la importancia de fortalecer la supervisión y evaluación de las prácticas de seguridad, con el fin de prevenir el uso indebido de datos personales y salvaguardar la privacidad de los ciudadanos.

En el año 2019 la Academia de Inteligencia Artificial de Pekín publicó el informe *Principios de Pekín de IA* con el respaldo del Ministerio de Ciencia y Tecnología. En este informe se establecen 15 principios éticos fundamentales para orientar su investigación y desarrollo, entre los que se encuentran: «la privacidad, la libertad, la autonomía, la dignidad y los derechos humanos». (Corozo, 2021, pg. 19).

Para asegurar la adecuada implementación de estos principios, se enfatiza en la importancia de garantizar que las decisiones generadas por la inteligencia artificial estén bajo el control de los seres humanos. Asimismo, se subraya la necesidad de brindar a los ciudadanos la capacidad de aceptar o rechazar los servicios ofrecidos por esta tecnología, junto con la disponibilidad de opciones para desactivar o interrumpir el funcionamiento de tales sistemas.

Durante el mismo año, el Ministerio de Ciencia y Tecnología de China constituyó el Comité de Gobernanza de la Inteligencia Artificial. Este comité, conformado por destacados expertos tanto académicos como de la industria, tiene como objetivo proporcionar recomendaciones al Gobierno en lo que respecta a la implementación de la IA. En el marco de este objetivo, el comité presentó un informe titulado *Principios de gobernanza para la nueva generación de la inteligencia artificial*, en el cual se proponen ocho principios que promueven su desarrollo bajo un enfoque basado en la justicia, la inclusión, la seguridad, el control tecnológico, la colaboración abierta y el respeto por la privacidad. (AI Readness Index, 2020).

En el 2021 la Administración China del Ciberespacio (CAC) aprobó una serie de regulaciones mediante el documento *Disposiciones sobre la administración de las recomendaciones de algoritmos de servicios de información de Internet*. Según el informe, se consideran algoritmos de servicios de información aquellos que «suministran información a los usuarios mediante el uso de tecnologías de algoritmos tales como generación y síntesis, envío personalizado, clasificación y selección, recuperación y filtrado, programación y toma de decisiones» (Weidenslaufer, 2023, pág. 28).

- Estas regulaciones establecen requisitos para que las empresas de tecnología operen de manera transparente y otorguen a los usuarios un mayor control sobre sus datos. Asimismo, imponen un código ético para evitar la difusión de contenido no deseado o ilegal.
- Las regulaciones presentan estrategias como: "Revisión periódica del sistema de gestión de los algoritmos para asegurar, verificar y evaluar periódicamente los mecanismos algorítmicos, los modelos, los datos y los resultados de las aplicaciones. No se podrán establecer modelos algorítmicos que violen las leyes, los reglamentos, la ética y la moral, como inducir a los usuarios a la adicción o al consumo excesivo.
- Obtención del permiso de los proveedores de servicios de recomendación algorítmica que prestan servicios de información de noticias en Internet, de acuerdo con la ley. No podrán generar ni sintetizar información noticiosa falsa, ni podrán difundir información noticiosa no publicada por el Estado.

- Los proveedores de servicios de recomendación algorítmica deberán brindar a los usuarios la opción de no enfocarse en sus características individuales, o brindarles a los usuarios una opción conveniente para desactivar dichos servicios. (DigiChina, 2022).

En 2023, el Ministerio de Relaciones Internacionales de China presentó la *Iniciativa para la Gobernanza Global de la Inteligencia Artificial*, un documento que destaca la importancia de la seguridad integral cooperativa, la cooperación y la sostenibilidad en el desarrollo y la promoción de la tecnología de la inteligencia artificial. Esta iniciativa busca fomentar el intercambio de información y la cooperación tecnológica en la gobernanza de la inteligencia artificial entre naciones, con el fin de abordar los riesgos de manera que se pueda «crear un marco de la gobernanza de la IA (…) y mejorar constantemente la seguridad, la infalibilidad, la controlabilidad y la imparcialidad de la tecnología de la IA». (Ministerio de Relaciones Internacionales China, 2023).

En el marco de este documento, el Ministerio Chino enfatiza que el desarrollo de la inteligencia artificial debe estar orientado hacia el progreso de la humanidad, instando a la comunidad internacional a que la IA sea una fuerza para mejorar el bienestar común y preservar la seguridad social. Además, se reconoce su papel crucial en la solución de desafíos relacionados con el desarrollo sostenible, el cambio climático y la biodiversidad.

El documento también destaca el derecho soberano de todos los países a desarrollar y utilizar la IA bajo los principios de igualdad, respeto y beneficio mutuo conforme el derecho internacional. Asimismo, hace hincapié en la necesidad de adoptar una actitud prudente y responsable en relación con la investigación, desarrollo y uso de la IA en el contexto militar.

Ese mismo año, la Administración del Ciberespacio de China emitió una serie de regulaciones para la inteligencia artificial generativa, como la utilizada por ChatGPT. En estas regulaciones se resalta que los proveedores de este tipo deben efectuar revisiones de seguridad y registrar el uso de sus algoritmos ante el gobierno en caso de que puedan influir en la opinión pública. Estos principios buscan garantizar la aplicación y uso de la inteligencia artificial de manera controlable y confiable, con un enfoque especial en la protección del usuario, y la prohibición de inteligencias artificiales que pongan en peligro la seguridad nacional e industrial del país.

AMÉRICA LATINA

En los últimos años América Latina ha avanzado en la adopción y regulación de la inteligencia artificial, privilegiando la creación de marcos legales y éticos basados en experiencias internacionales y la protección de los derechos individuales y colectivos. No obstante, la región enfrenta un rezago en la adopción de estas regulaciones si se compara con los estándares internacionales en investigación e inversión. Según el Índice Latinoamericano de Inteligencia Artificial (2023), en el período comprendido entre el 2010 y el 2021, solo el 2,7 % de las publicaciones científicas en esta área fueron realizadas en América Latina. En términos de inversión, la región aún no supera el 1,7 % de la inversión total que se destina en Estados Unidos o el 5 % de China.

Otro aspecto fundamental en la adopción de la IA en América Latina es la penetración de habilidades tecnológicas en los sectores productivos. Lamentablemente, esta penetración es solo del 2,16 %, en contraste con el 3,59 % en otras partes del mundo (CENIA, 2023). Este bajo nivel está influenciado por diversas condiciones como la falta de conectividad, el acceso limitado a recursos tecnológicos, la carencia de programas de formación y reconversión laboral, junto con la fuga de talento altamente capacitado en el campo de la IA. Estas dinámicas dificultan la investigación, el desarrollo y la aplicación de la inteligencia artificial en el continente. Sin duda, todos estos desafíos señalan la necesidad de un enfoque integral y colaborativo para acelerar el desarrollo y la adopción de la IA en América Latina.

Sin embargo, existe un aspecto para reconocer y es la elaboración de documentos de política pública destinados a brindar recomendaciones en el ámbito de la inteligencia artificial. Estos documentos se centran en cuestiones regulatorias y hacen énfasis en la protección de datos y en la prevención de posibles usos negativos, tal como lo señalan Veronese, Nunes y Lemos (2021). En América Latina se pueden identificar dos categorías de documentos de política pública relacionados con la regulación de esta tecnología. Por un lado, existe un grupo que busca establecer mecanismos de seguridad para la protección y, por otro lado, se encuentra un conjunto de documentos que imponen reglas con el propósito de resguardar a los ciudadanos de posibles consecuencias injustas derivadas del uso o la implementación de la inteligencia artificial. Con base en estos dos factores, Chile y Colombia han presentado las siguientes iniciativas regulatorias.

CHILE

De acuerdo con el Índice Latinoamericano de Inteligencia Artificial (2023), Chile se destaca como el país líder en la región en esta materia alcanzando un puntaje de 72,67. En lo referente a infraestructura, Chile sobresale como el país con el mejor promedio de velocidad de descarga de Internet en América Latina. También se destaca por sus programas oficiales de alfabetización en IA y en el ámbito de la investigación, cuenta con tres centros de investigación especializados en inteligencia artificial y concentra la mayor cantidad de publicaciones y proyectos activos en la región.

Este proceso se viene construyendo desde el 2019, cuando el Consejo Nacional de Innovación para el Desarrollo planteó cinco ejes para el avance tecnológico del país: el desarrollo de talento y empleo, la acumulación de capital tecnológico, el fortalecimiento del capital social, la modernización del Estado y el establecimiento de un marco ético y regulatorio sólido. El objetivo de estas acciones era posicionar a Chile como una potencia regional en el campo de la ciencia de datos y fortalecer sus ecosistemas de emprendimiento e innovación.

Tras la publicación de este informe, el Ministerio de Ciencia, Tecnología, Conocimiento e Innovación, en colaboración con la Comisión de Desafíos del Futuro del Senado de la República, presentaron un diagnóstico que resaltaba la urgente necesidad de establecer una política nacional de inteligencia artificial para impulsar la investigación y el desarrollo tecnológico del país.

En concordancia con estas evaluaciones, en el año 2021, el Ministerio de Ciencia dio a conocer la *Política Nacional de Inteligencia Artificial*, un documento que reúne 70 acciones prioritarias y 180 iniciativas que se llevarán a cabo entre el 2021 y el 2030. El propósito de esta política es facultar a la población para que utilice y participe en la creación de herramientas de inteligencia artificial, al tiempo que se promueve el debate acerca de las implicaciones legales, éticas, sociales y económicas de esta tecnología (Ministerio de Ciencia Chile, 2021).

La Política Nacional de Inteligencia Artificial de Chile se basa en cuatro principios rectores: la orientación de la IA hacia el bienestar de las personas, el respeto a los derechos humanos y la seguridad, el uso de la IA para el desarrollo sostenible y la promoción de una IA inclusiva y globalizada. Asimismo, su contenido se desarrolla a través de tres ejes fundamentales: factores habilitantes, que engloban los elementos que fomentan la existencia y la implementación de la IA; desarrollo y adopción, donde se concibe el espacio de creación y aplicación de la IA; y ética, aspectos normativos e impactos socioeconómicos, que abordan los debates éticos que surgen en la interacción de la ciudadanía con la Inteligencia Artificial.

Para la promoción de los factores habilitantes, el Plan describe como primer requisito para su avance «la presencia de personas con adecuada formación, experiencia y comprensión en materia de datos, estadísticas, matemáticas, ingenierías, procesamiento de señales, programación, entre otras» (Ministerio de Ciencia Chile, 2021, pág. 24). Por tanto, se torna imprescindible cerrar las brechas de habilidades en áreas vinculadas a la transformación digital. Según el Plan, esto se logrará promoviendo la adquisición de aptitudes, conocimiento y habilidades en materia de IA en el ámbito educativo, lo cual implica una revisión y actualización del plan de estudios escolar. Además, se considera esencial integrar la IA como un componente interdisciplinario en la formación de profesionales y técnicos en Chile y el aumento en el número de expertos en IA, mediante programas de maestría y doctorado.

En lo que respecta al desarrollo y adopción, el plan hace hincapié en los desafíos que rodean la innovación, el desarrollo, el emprendimiento y la adopción de la IA, para lo cual se considera necesario implementar medidas destinadas a incrementar tanto la oferta como la demanda de la inteligencia artificial, y adoptar nuevas tecnologías con el fin de potenciar la productividad. Es así como se han establecido objetivos que incluyen impulsar su investigación y desarrollo a fin de equipararse o superar el promedio de los países de la OECD en este ámbito. También se busca fomentar y estimular la productividad económica en la IA a través de la creación de incentivos para la industria y la modernización del sector público, lo cual involucra implementar herramientas de IA en las operaciones gubernamentales y en la capacitación de los empleados públicos.

En el último de los ejes, ética, aspectos legales y regulatorios e impactos socioeconómicos, se identifican no solo las oportunidades y beneficios que surgen al incorporar la inteligencia artificial en la sociedad, también se reconoce que «se presentan riesgos asociados a derechos fundamentales como la dignidad, la privacidad, la libertad de expresión y la no discriminación arbitraria». (Ministerio de Ciencia Chile, 2021, pág. 50). Para abordar estos riesgos, se propone la creación de marcos regulatorios de los sistemas de IA que estén en concordancia con la Constitución y el respeto de los derechos fundamentales, además de exhortar al país a desempeñar un papel activo en las conversaciones internacionales sobre inteligencia artificial y a tomar un rol de liderazgo en la región. Otros enfoques esenciales son el fomento de la transparencia en los algoritmos, con especial énfasis en la protección de datos personales y la realización de análisis continuos para identificar aquellas labores que pueden estar en riesgo debido a su implementación.

En el año 2023, el Gobierno de Chile convocó a un grupo de expertos para actualizar la *Política Nacional de Inteligencia Artificial*, encuentro que originó la publicación de dos boletines; el 15935-07 y el 15869-19, los cuales introducen enmiendas al Código Penal Chileno y regulan sistemas de inteligencia artificial, robótica y otras tecnologías. Estas modificaciones, según

Weidenslaufer (2023), tienen como objetivo sancionar el uso indebido de la IA y garantizar que su aplicación contribuya al bienestar humano. En virtud de estas reformas, se establece la creación de la Comisión Nacional de Inteligencia Artificial de Chile y se definen las obligaciones que debe adoptar el país para los desarrolladores, proveedores y usuarios de sistemas de IA.

COLOMBIA

En los últimos años, Colombia ha demostrado un crecimiento constante en el ámbito de la inteligencia artificial, destacándose como el sexto país en América Latina en desarrollo e innovación de proyectos relacionados con la IA según el Índice Latinoamericano de Inteligencia Artificial (2023). Este progreso se ha visto reflejado en un aumento significativo del número de investigaciones en inteligencia artificial en la última década, de manera particular en el año 2019, por lo cual es pertinente explorar las regulaciones y marcos normativos que se han establecido en Colombia en esta materia.

En 2019 el Gobierno de Colombia presentó el documento CONPES (Consejo Nacional de Política Económica y Social) 2775/2019, titulado *Política Nacional para la transformación digital e inteligencia artificial*, el cual tiene como objetivo fundamental plantear las condiciones para

> potenciar la generación de valor social y económico en el país a través del uso estratégico de tecnologías digitales en el sector público y privado para impulsar la productividad y favorecer el bienestar de los ciudadanos y generar los habilitadores transversales para la transformación digital sectorial (CONPES 2775, 2019, pág. 3).

Uno de los elementos destacados en este documento es la definición de un marco ético compuesto por diez principios que orientan el diseño, desarrollo y aplicación de sistemas de inteligencia artificial en el país. Estos principios incluyen aspectos como la transparencia, la explicabilidad, la privacidad, el control humano de las decisiones generadas por la IA, la seguridad, la responsabilidad, la no discriminación, la inclusión, la protección de los derechos de niños, niñas y adolescentes y el beneficio social. Estos principios éticos son fundamentales para garantizar el uso responsable y beneficioso de la IA en Colombia.

El CONPES 2775/2019 también plantea un conjunto de 14 principios que guiarán el desarrollo de la inteligencia artificial en Colombia. Entre estos principios, se destaca la creación de un mercado específico para la IA y la adopción de modelos de experimentación regulatoria que se centren en la mitigación de riesgos y el fomento de la innovación.

Además, se considera fundamental desarrollar una infraestructura de datos de fácil acceso, lo que facilitará el desarrollo y la aplicación de soluciones basadas en inteligencia artificial. El documento enfatiza en la necesidad de establecer un marco ético que priorice valores como la justicia, la libertad, la no discriminación y la transparencia en el uso de los datos, promueve la adquisición de habilidades relacionadas con esta tecnología y destaca el papel estratégico que deben jugar las instituciones académicas en la creación de un mercado sólido de inteligencia artificial en Colombia.

Para poner en práctica estos principios, el CONPES 2775/2019 establece una serie de líneas de acción con el objetivo de abordar los siguientes aspectos:

> Disminuir las barreras que impiden la incorporación de tecnologías digitales, crear condiciones habilitantes para la innovación digital, fortalecer las competencias del capital humano para afrontar la cuarta revolución industrial y desarrollar condiciones habilitantes para preparar a Colombia para los cambios económicos y sociales que conlleva la IA (CONPES 2775, 2017, pág.39).

En conclusión, el documento CONPES 2775/2019 recomienda:

- Coordinar la creación de ambientes de prueba regulatorio (*sandbox*) en materia de inteligencia artificial.
- Actualizar los lineamientos de las entidades públicas del orden nacional para elaborar sus planes de transformación digital.
- Diseñar un marco ético para guiar el diseño, desarrollo, implementación y evaluación de sistemas de inteligencia artificial.
- Solicitar al Ministerio de Educación Nacional diseñar los lineamientos curriculares con el fin de promover la implementación de proyectos pedagógicos en los que se incluyan habilidades necesarias para la Cuarta Revolución Industrial, con especial énfasis en inteligencia artificial.

En 2020 la Consejería Presidencial para Asuntos Económicos y Transformación Digital publicó el documento *Marco ético para la inteligencia artificial en Colombia.* En este informe se identifican desafíos específicos relacionados con la aplicación ética de la IA, tales como:

> (i) posibles amenazas a la libertad de voluntad y responsabilidades; (ii) sesgos, discriminación y exclusión; (iii) perfilamiento algorítmico: personalización versus beneficios colectivos; (iv) buscar un nuevo balance al prevenir bases de datos masivas mientras se aumenta la IA; (v) calidad, cantidad y relevancia: el reto de los datos adaptados para la IA y (vi) la identidad humana frente al reto de la inteligencia artificial (Consejería Presidencial para Asuntos Económicos y Transformación Digital, 2020, pág. 17).

Este documento establece una serie de principios que deben garantizarse en la aplicación de la inteligencia artificial y propone una serie de herramientas para cumplir con los mismos como la evaluación de algoritmos mediante la generación de análisis y reportes sobre el uso de los datos en aplicaciones públicas; las auditorías de algoritmos para prevenir comportamientos no deseados; la limpieza de datos, que implica la depuración, corrección y actualización de bases de datos que puedan contener sesgos; las explicaciones comprensibles para los ciudadanos sobre el uso de sus datos; el diseño de sistemas sostenibles y confiables y la evaluación de la legitimidad en el uso de datos, entre otros.

En su apartado final, el documento presenta un listado de recomendaciones para el Estado colombiano y señala la importancia de darle prioridad a la construcción de un marco ético para la inteligencia artificial construido a partir de un diálogo nacional que involucre a distintos actores.

En el 2021 con base en los principios rectores del documento CONPES previamente presentado, el Gobierno de Iván Duque creó la Misión de Expertos en Inteligencia Artificial, conformada por un equipo de diez expertos destacados en el campo. La misión tenía la tarea de diseñar una hoja de ruta que proporcionara recomendaciones para la implementación de una política de inteligencia artificial.

La Misión de Expertos en Inteligencia Artificial publicó ese mismo año un informe técnico con un exhaustivo diagnóstico sobre el nivel de implementación de la inteligencia artificial en Colombia. En adición a esto, el informe ofreció valiosas recomendaciones en materia de creación de empleo y desarrollo de talento en IA, esto debido a que «Colombia no tiene los trabajadores capacitados en habilidades de IA que se necesitan para aprovechar esta tecnología e implementarla» (Misión de Sabios, 2021, pág. 22).

De otra parte, el informe señala como una de las principales dificultades del país, la brecha entre las competencias demandadas por el sector productivo y las que ofrece el sistema educativo, y enfatiza en la importancia de actualizar la formación en inteligencia artificial, prestando especial atención a la participación de las mujeres para promover la equidad de género en las habilidades digitales.

En el 2022, tras nueve meses de trabajo, la Misión de Expertos publicó el documento *Recomendaciones para el desarrollo y fortalecimiento de la IA en Colombia*, el cual reúne las siguientes recomendaciones para impulsar la adopción de la inteligencia artificial en Colombia:

1. **Enfoque en inclusión y empoderamiento:** Esta recomendación tiene como objetivo abordar las desigualdades que existen en el país con respecto al acceso a la inteligencia artificial. La Misión de Expertos recomienda promover la inclusión de la población colombiana en el desarrollo de la IA, especialmente en comunidades históricamente marginadas. Para lograrlo, sugiere no solo brindar acceso a cursos y herramientas de aprendizaje, también generar contenido atractivo y accesible para todos los ciudadanos.
2. **Desarrollo de programas de talento en IA:** Esta recomendación se centra en fomentar un entorno de mayor competitividad en Colombia para atraer inversores y fortalecer el conocimiento local necesario para abordar los desafíos que conlleva la inteligencia artificial. La Misión de Expertos insta a incorporar aspectos relacionados con la IA en carreras profesionales y a invertir en fondos que respalden proyectos de innovación social.
3. **Observación activa para la generación de iniciativas en talento y futuro del trabajo:** La Misión de Expertos subraya la importancia de no apresurar la implementación de políticas públicas en materia de inteligencia artificial, ya que esto podría obstaculizar el desarrollo de tecnologías emergentes. En lugar de ello, propone la experimentación de propuestas legislativas y la mejora del acceso a los datos. Para llevar a cabo esta recomendación, se plantea la creación de un laboratorio de políticas públicas encargado de emitir recomendaciones periódicas sobre el avance de la implementación de la inteligencia artificial en el país.
4. **Promover una visión de futuro de IA y mejorar la generación de conocimiento:** La Misión de Expertos reconoce que la inteligencia artificial y las transformaciones generadas por su aplicación traerá importantes oportunidades para el país, razón por la cual se deben implementar acciones de promoción y profundización de la inversión y desarrollo de la misma. Asimismo, se hace énfasis en que los avances que se logren con esta herramienta deben integrarse con la experiencia humana a través de la apropiación tecnológica de sus ciudadanos. Se reconoce que el país tiene oportunidades en materia de aplicación de la inteligencia artificial en aspectos como la naturaleza y la sostenibilidad, y, por lo tanto, se hace un llamado a aumentar la inversión en estos campos.
5. **Promover el uso de la tecnología con una visión que no sea ajena a la sociedad y al contexto propio del país:** En este aspecto, la Misión de Expertos recomienda utilizar las herramientas que ofrece la

inteligencia artificial con un enfoque que reconozca los contextos sociales del país. En ese sentido, se argumenta que es fundamental tener en cuenta las condiciones del mercado laboral y del sistema educativo colombiano cuando se propongan iniciativas en la materia, también se hace un llamado a reconocer la importancia del componente cultural y el enfoque hacia las generaciones futuras para el desarrollo de estas tecnologías.

6. **Identificar aplicaciones específicas de IA en Colombia para promover el desarrollo de habilidades:** La Misión de Expertos destaca la importancia de identificar aquellas aplicaciones específicas en inteligencia artificial para los ciudadanos y promover el desarrollo de las habilidades necesarias para su interacción. La recomendación destaca que el acceso a las nuevas tecnologías tendrá un impacto significativo en la vida de todos los colombianos, siempre y cuando se aplique en situaciones cotidianas, especialmente en la toma de decisiones. Para lograrlo, la misión sugiere mostrar a los colombianos cómo funciona la inteligencia artificial y cómo puede mejorar su vida diaria, utilizando un lenguaje sencillo y desarrollando aplicaciones de IA que sean accesibles para todos.

7. **Priorizar el análisis e implementación de recomendaciones de sostenibilidad ambiental e IA:** La Misión de Expertos destaca el potencial de la inteligencia artificial para combatir el cambio climático y mejorar la eficiencia energética, aunque señala como un desafío ambiental su alto consumo de energía. Los expertos recomiendan investigar exhaustivamente los impactos positivos y negativos de la IA y dar prioridad a su integración en políticas como el Plan Nacional de Desarrollo.

8. **Continuar con la implementación del marco ético de la IA en Colombia:** Para avanzar con la implementación del marco ético de la inteligencia artificial en Colombia, la Misión de Expertos destaca la importancia de seguir las pautas establecidas en el *Marco ético para la inteligencia artificial* publicado en 2021. Además, enfatiza en la necesidad de ahondar en cuestiones relacionadas con el empleo, el talento y la sostenibilidad y advierte acerca de la responsabilidad del Gobierno colombiano en mantener tales marcos éticos actualizados. Este aspecto también incluye la promoción de sistemas de auditoría de algoritmos y la formulación de estrategias para cerrar las brechas de conocimiento.

9. **Integrar a Colombia de manera sostenible en los flujos globales de conocimiento. Garantizar acceso permanente de la población y el aparato productivo a nuevas tecnologías:** Según la Misión de Expertos, Colombia enfrenta un desafío importante al no estar completamente

integrado en las cadenas globales de valor y los flujos de conocimiento. Esta falta de integración tiene un impacto crítico, especialmente en la adopción de tecnologías avanzadas como la IA, pues limita la capacidad de innovación y competitividad del país en estos campos. Para superar este obstáculo se recomienda implementar adecuadamente las acciones propuestas en el CONPES 4085 y las recomendaciones de la Misión de Expertos de Inteligencia Artificial.

En junio del 2023, el Ministerio de Tecnologías de la Información y las Comunicaciones anunció la construcción de un centro de inteligencia artificial en la ciudad de Zipaquirá, Cundinamarca. Al momento de la realización de este documento, el ministerio aún no contaba con los estudios y diseños para empezar su construcción.

Referencias

Advisory Council on Artificial Intelligence. (2021). *Annual Report 2020-21.* Government of Canada. https://ised-isde.canada.ca/site/advisory-council-artificial-intelligence/en/annual-reports/annual-report-2020-21.

Azkue Teixeira, I. (2022). *El ecosistema de la inteligencia artificial en Canadá* (114-22-015-3). ICEX España Exportación e Inversiones, E.P.E. https://www.icex.es/content/dam/es/icex/oficinas/088/documentos/2022/10/documentos-anexos/DOC2022915813.pdf.

Chang, Y., & Zhang, C. (2019). Políticas científicas de IA en China. *Revista Idees.* https://revistaidees.cat/es/politiques-cientifiques-dia-a-la-xina/.

Cesareo, S., & White, J. (2023). *The Global AI Index. Tortoise.* https://www.tortoisemedia.com/intelligence/global-ai/.

CENIA. (2023). *Índice Latinoamericano de inteligencia artificial.* https://indicelatam.cl

Comisión Europea. (2015). *Estrategia para el Mercado Único Digital: revisión intermedia. EUR-Lex.* https://eur-lex.europa.eu/content/news/digital_market.html?locale=es.

Comisión Europea. (2015). *Resolución del Parlamento Europeo, de 16 de febrero de 2017, con recomendaciones destinadas a la Comisión sobre normas de Derecho civil sobre robótica. EUR-Lex.* https://www.europarl.europa.eu/doceo/document/TA-8-2017-0051_ES.html.

Comisión Europea. (2018). *Inteligencia artificial para Europa. EUR-Lex.* https://eur-lex.europa.eu/legal-content/ES/TXT/?uri=COM%3A2018%3A237%3AFIN.

Comisión Europea (2020). *LIBRO BLANCO sobre la inteligencia artificial–un enfoque europeo orientado a la excelencia y la confianza.* EUR-Lex. https://eur-lex.europa.eu/legal-content/ES/TXT/PDF/?uri=CELEX:52020DC0065.

Comisión Europea (2021). *Propuesta de reglamento del Parlamento Europeo y del Consejo por el que se establecen normas armonizadas en materia de inteligencia artificial (ley de inteligencia artificial) y se modifican determinados actos legislativos de la unión.* EUR-Lex. https://eur-lex.europa.eu/legal-content/ES/TXT/HTML/?uri=CELEX:52021PC0206.

Consejo de Estado. (2017). *Aviso del consejo de estado sobre la emisión del plan de desarrollo de la nueva generación de inteligencia artificial* (Guofa [2017] No. 35). https://www.gov.cn/zhengce/content/2017-07/20/content_5211996.htm.

Consejo Nacional de Ciencia, Tecnología, Conocimiento e Innovación para el Desarrollo. (2019). *Ciencia, Tecnología, Conocimiento e Innovación para Chile.*

Cámara de Diputadas y Diputados, Chile (2023). *Modifica el Código Penal para sancionar el mal uso de la inteligencia artificial (Número del proyecto de ley: 15935-07).* https://www.camara.cl/legislacion/ProyectosDeLey/tramitacion.aspx?prmID=16473&prmBOLETIN=15935-07

Consejo Nacional de Política Económica y Social, República de Colombia, Departamento Nacional de Planeación. (2019). *Política Nacional para la Transformación Digital e inteligencia artificial (Documento CONPES 3975).* Departamento Nacional de Planeación. https://colaboracion.dnp.gov.co/CDT/Conpes/Económicos/3975.pdf.

Consejo de Estado de Impresión y Distribución. (2017). *Aviso sobre el plan de desarrollo de la nueva generación de inteligencia artificial.* https://ia-latam.com/wp-content/uploads/2020/08/Plan-de-desarrollo-IA-China-2017.pdf.

CIFAR. (2023). *AICan the impact of the pan-canadian AI strategy.* https://cifar.ca/ai/impact/#topskipToContent .

Executive Office of the President, National Science and Technology Council, Committee on Technology. (2016). *Preparing for the Future of Artificial Intelligence. National Science and Technology Council.* https://obamawhitehouse.archives.gov/sites/default/files/whitehouse_files/microsites/ostp/NSTC/preparing_for_the_future_of_ai.pdf.

Gobierno de Canadá. (2023). *The Artificial Intelligence and Data Act (AIDA-Companion Document.* https://ised-isde.canada.ca/site/innovation-better-canada/en/artificial-intelligence-and-data-act-aida-companion-document.

Huang, S., Toner, H., Haluza, Z., Creemers, R., & Webster, G. (2023). *Management of Generative Artificial Intelligence Services (Draft for Comment)–April 2023.* Digichina, Stanford University. https://digichina.stanford.edu/publications/management-of-generative-ai-services-draft-for-comment-april-2023.

Innovation, Science and Economic Development Canada. (2022, 26 de abril). *Advisory council on artificial intelligence.* Government of Canada. https://ised-isde.canada.ca/site/advisory-council-artificial-intelligence/en.

Lopez, C. T. (2020). *DOD Adopts 5 Principles of Artificial Intelligence Ethics. U.S. Department of Defense.* https://www.defense.gov/News/News-Stories/article/article/2094085/dod-adopts-5-principles-of-artificial-intelligence-ethics/.

Maffare Corozo, J. I. (2021). *Estudio comparativo de un marco legal y normativas vigentes aplicadas en la inteligencia artificial dentro del panorama nacional e internacional* [Tesis de licenciatura, Pontificia Universidad Católica del Ecuador]. https://repositorio.pucese.edu.ec/bitstream/123456789/2604/1/Maffare%20Corozo%20Joselyn%20Ivonne.pdf

Management and Budget Office. (2020). *Request for comments on a draft memorandum to the heads of executive departments and agencies, "guidance for regulation of artificial intelligence applications"* (2020-00261). Office of Management and Budget. https://www.

federalregister.gov/documents/2020/01/13/2020-00261/request-for-comments-on-a-draft-memorandum-to-the-heads-of-executive-departments-and-agencies.

Ministerio de Asuntos Exteriores de la República Popular China. (2023). *Iniciativa para la Gobernanza Global de la inteligencia artificial.* https://www.fmprc.gov.cn/esp/wjdt/gongbao/202310/t20231024_11166713.html.

Ministerio de Ciencia, Tecnología, Conocimiento e Innovación, Gobierno de Chile. (2021). *Política nacional de inteligencia artificial.* MinCiencia https://www.minciencia.gob.cl/areas/inteligencia-artificial/politica-nacional-de-inteligencia-artificial/.

Ministerio de las Tecnologías de Información y Comunicaciones, Colombia. (2023). Zipaquirá tendrá el primer centro de inteligencia artificial de Colombia. *MinTic.* https://www.mintic.gov.co/portal/inicio/Sala-de-prensa/Noticias/276909:Zipaquira-tendra-el-primer-centro-de-Inteligencia-Artificial-de-Colombia.

Mujica Ramírez, M. P., Guio Español, A., Vanegas Barrero, V. R., Fernández Gómez, L., y Dávila Barragán, J. A. (2022). *Misión de expertos en IA de Colombia.* Gobierno de Colombia.

Mujica Ramírez, M. P., Guio Español, A., Vanegas Barrero, V. R., Fernández Gómez, L., y Dávila Barragán, J. A. (2022). *Recomendaciones Misión de expertos en IA de Colombia.* Gobierno de Colombia.

Office of Science and Technology Policy. (2022). *Blueprint for an AI Bill of Rights.* The White House. https://www.whitehouse.gov/ostp/ai-bill-of-rights/.

Ríos, X. (2016). El XIII Plan Quinquenal: Antecedentes, contexto, contenidos y expectativas. *Revista Iberoamericana de Filosofía, Política y Humanidades, 18*(35), 231–247. https://www.redalyc.org/journal/282/28245351012/html/.

Sandusky, K. (2023, 27 de septiembre). *Deloitte report: Canada leads the world in AI talent concentration.* CIFAR. https://cifar.ca/cifarnews/2023/09/27/deloitte-report-canada-leads-the-world-in-ai-talent-concentration/.

Shearer, E., Stirling, R., Pasquarelli, W., Chung, Y., Cussins, J., Salem, F., Sey, A., Martinho-Truswell, E., Castets-Renard, C., Pichu, R., & Scrollini, F. (2020). *Government AI Readiness Index 2020.* Oxford Insights.

The White House. (2023). *Executive Order on the Safe, Secure, and Trustworthy Development and Use of Artificial Intelligence.* https://www.whitehouse.gov/briefing-room/presidential-actions/2023/10/30/executive-order-on-the-safe-secure-and-trustworthy-development-and-use-of-artificial-intelligence/.

Veronese, A., y Lemos, A. N. L. E. (2021). Trayectoria normativa de la inteligencia artificial en los países de Latinoamérica con un marco jurídico para la protección de datos: límites y posibilidades de las políticas integradoras. *Revista Latinoamericana de Economía y Sociedad Digital,* 2, agosto 2021. https://doi.org/10.53857/MZBU2371.

Vought, R. T. (2019). *Memorandum for the heads of executive departments and agencies.* The White House. https://www.whitehouse.gov/wp-content/uploads/2020/01/Draft-OMB-Memo-on-Regulation-of-AI-1-7-19.pdf.

Xinhua. (2017). *Enfoque de China: Plan de Desarrollo de inteligencia artificial muestra la visión de China.* Xinhua Español. http://spanish.xinhuanet.com/2017-07/23/c_136465943.htm.

Capítulo 2.

Diversidad racial y religiosa en un mundo algorítmico: consideraciones éticas en el uso de la IA

La inteligencia artificial ha adquirido una poderosa influencia en nuestra vida cotidiana y en la toma de decisiones estratégicas, desde sugerir música y restaurantes de manera personalizada, hasta autorizar préstamos o evaluar riesgos en la seguridad urbana. La IA es una aliada de la sociedad con un potencial inmenso para resolver muchos de nuestros problemas, y desde su creación, se pensó que utilizarla en los procesos de toma de decisiones era sinónimo de deshacerse de los sesgos y la parcialidad que podemos tener los humanos en ese proceso. Sin embargo, esto no resultó ser del todo cierto. La IA es tan propensa como los seres humanos a desarrollar sesgos y si se le alimenta con los datos incorrectos puede discriminar tanto, o más, que los mismos seres humanos.

Para comprender mejor este desafío es esencial tener claridad sobre cómo funcionan las IA y por qué pueden desarrollar estos sesgos. Las IA, en su esencia, son sistemas que aprenden a tomar decisiones a partir de datos. Ellas, a diferencia de las personas, no tienen un criterio propio y preestablecido, ni la capacidad de razonar o de comprender el contexto de manera intuitiva; en cambio, se basan en patrones y correlaciones de los datos que se les proporcionan.

Por lo tanto, si los datos con los que entrenamos a nuestros algoritmos de IA son el reflejo de procesos o investigaciones influenciados por discriminación racial o religiosa, es probable que la IA perpetúe estas desigualdades en sus decisiones futuras. Esto puede ocurrir por varias razones según el IBM Data and AI Team (2023):

1. **Sesgos en los datos de entrenamiento**: Si los datos históricos utilizados para entrenar una IA contienen sesgos, la IA aprenderá a replicar esos sesgos en sus predicciones. Por ejemplo, si los datos de contratación histórica de una empresa muestran un sesgo hacia ciertos grupos étnicos, la IA podría favorecer inconscientemente a esos grupos en futuros procesos de selección. También, si hay una falta de diversidad entre esos datos, y la muestra de un grupo poblacional es más

pequeña, puede haber sesgos que impliquen una mayor tasa de error cuando el algoritmo se enfrenta a un individuo de ese grupo.

Es habitual que la IA se entrene utilizando datos etiquetados, es decir, datos que se han categorizado previamente, y en estas etiquetas también pueden existir sesgos que la IA puede incorporar en su comprensión del mundo. Por ejemplo, si un algoritmo de clasificación de imágenes se entrena con imágenes etiquetadas de manera sesgada, como asociar de manera errónea personas de ciertos grupos étnicos con comportamientos negativos, el algoritmo puede perpetuar estereotipos perjudiciales.

2. **Sesgo algorítmico:** Con un entrenamiento de datos sesgados o con una programación incorrecta, la ponderación de las variables puede propiciar que el algoritmo aprenda sesgos y los pronuncie.
3. **Sesgo cognitivo:** Cuando las personas procesan información y toman decisiones están inevitablemente influenciadas por sus experiencias y preferencias personales. Este fenómeno se refleja en la IA ya que los diseñadores y programadores pueden incorporar inadvertidamente sesgos en los sistemas al seleccionar datos o ponderarlos de manera sesgada. Por ejemplo, un sesgo cognitivo podría llevar a preferir conjuntos de datos recopilados de población estadounidense, en lugar de tomar muestras de una variedad de poblaciones alrededor del mundo.
4. **Sesgos en las interacciones humanas**: Además de los sesgos descritos por IBM, las IA que interactúan con usuarios pueden verse influenciadas por los sesgos de las personas con las que se interrelacionan. Por ejemplo, un *chatbot* de servicio al cliente que responde a comentarios racistas de manera neutral podría ser percibido como tolerante o incluso cómplice de comportamientos discriminatorios.

En este capítulo nos adentraremos en un análisis exhaustivo de cómo los sesgos algorítmicos pueden manifestarse en la IA. Examinaremos casos concretos y reales en los que aplicaciones de inteligencia artificial han generado preocupación debido a la presencia de sesgos, especialmente en lo relacionado a la discriminación de género, raza y religión.

Este capítulo no se limitará a identificar los problemas, también nos enfocaremos en proporcionar directrices claras para que en Colombia tengamos mejores prácticas de IA que permitan mitigar tales riesgos y fomentar su uso responsable y ético. Así mismo, se explorará cómo las organizaciones pueden identificar y abordar los sesgos en sus sistemas de inteligencia artificial y cómo prevenirlos desde un inicio. El objetivo es delinear un camino para tener una IA justa y libre de discriminación que nos pueda ayudar a disminuir los sesgos en nuestra sociedad en vez de exacerbarlos.

Los sesgos en la IA y cómo actúan

Tras un análisis del desarrollo y aplicación de los modelos de inteligencia artificial hemos encontrado una serie de casos que pueden ejemplificar la manera en la que estos se desarrollan y las consecuencias que pueden tener:

1. Sesgo geográfico en el patrullaje policial: El uso de algoritmos de IA para guiar las estrategias de patrullaje policial en áreas urbanas es cada vez más común. Estos algoritmos se alimentan con datos previamente obtenidos sobre seguridad y criminalidad en diversos sectores de las ciudades a fin de que la IA cree planes de distribución de uniformados de manera eficiente para evitar la mayor cantidad de actos criminales. El problema es que históricamente, en muchos casos, decidir hacer más patrullaje en algunas zonas, ha sido a raíz de tener en cuenta prejuicios raciales, religiosos o socioeconómicos sobre sus habitantes, o por una percepción generalizada sobre su peligrosidad, que no necesariamente, es cierta.

Esto influye en el número de datos sobre crímenes perpetrados en estas áreas y hace que tanto las personas, como las IA, las perciban como zonas más peligrosas que necesitan mayor presencia policial. A su vez, el efecto de esta circunstancia en el momento en el cual entra a jugar la IA es que con datos que reflejan tal tipo de sesgos, se determina que es necesaria presencia policial y vigilancia sobre los grupos y zonas discriminadas.

Este sesgo geográfico en el patrullaje policial está directamente relacionado con el racismo estructural que ha prevalecido durante décadas en países como Estados Unidos. Las comunidades de color han enfrentado una mayor presencia policial a menudo basada en estereotipos y prejuicios raciales arraigados en la sociedad. Estos estereotipos han influido en la recopilación de datos sobre criminalidad, lo que a su vez puede alimentar los algoritmos utilizados en la distribución de recursos policiales. Al no ser cuidadoso con esta situación, la IA solo va a causar una mayor vigilancia y más detenciones en comunidades de color contribuyendo al ciclo de racismo estructural en el sistema de justicia penal de Estados Unidos.

2. Sesgo en el cálculo de la reincidencia criminal y el racismo estructural: En el contexto de la seguridad y el sistema de justicia penal de Estados Unidos se han identificado sesgos de discriminación racial en los algoritmos encargados de medir la reincidencia criminal. Un ejemplo de esto es el *software Correctional Offender Management Profiling for Alternative Sanctions* (COMPAS), que se intentó implementar en 2016. Este *software* utilizaba la IA para predecir la probabilidad de reincidencia de una persona tras haber cometido un crimen tomando en cuenta variables como la edad del primer arresto, la estabilidad de la residencia, el estatus de empleo y el historial de violencia, desacato, y abuso de sustancias, entre otros.

Según Dressel y Farid (2018) la precisión de este *software* era de menos del 70 %, lo que resultaba comparable con la percepción subjetiva de una persona promedio sobre la probabilidad de reincidencia de cada persona. Lo preocupante era que este tipo de *software*, en lugar de mitigar sesgos y reducir las probabilidades de capturas injustas, generaba aún más sesgos hacia las personas negras en comparación con otras razas. En este caso, la IA servía para reforzar la preocupante relación entre el sistema de justicia penal y el racismo estructural, donde las personas de color son desproporcionadamente afectadas por sesgos que perpetúan las disparidades raciales en las detenciones y las condenas.

3. Sesgo en *chatbots*: Uno de los usos más difundidos de la IA desde hace un par de años son los *chatbots*, los cuales tienen la capacidad de leer y entender el lenguaje natural y dar respuesta dentro de parámetros para los cuales están entrenados. El problema con el uso de *chatbots* es que su lenguaje de aprendizaje se nutre de la interacción con usuarios y de información de acceso libre que encuentra en la red, por lo que tiende a replicar los sesgos hacia religiones y razas específicas. Por ejemplo, en el 2021, Rounak Bagchi un investigador musulmán experto en IA notó un claro sesgo antimusulmán en ChatGPT3. Cuando al *chatbot* se le hacían preguntas sobre aspectos particulares de personas musulmanas, dos de cada tres veces los asociaba con violencia y actos terroristas.

En OpenAI han tratado de resolver estos sesgos y ChatGPT3.5 no lo demuestra ya. Ellos tienen equipos que analizan las dificultades con las que se encuentran los programadores para combatir estos sesgos en *chatbots*, pues se enriquecen con la interacción humana y con toda la información que existe en Internet, sea esta sesgada o no. Lo que se ha visto es que, si bien no es fácil filtrar toda la información necesaria para hacer que la inteligencia artificial se deshaga de todos sus sesgos; pues hay toneladas de información en Internet que refuerza un sinnúmero de estereotipos, hay estrategias que pueden ayudar a prevenir el desarrollo de estos sesgos.

Lo que sí está claro es que los desarrolladores de *chatbots* deben ser conscientes de que, en las interacciones, las IA van a enfrentarse a información en la que pueden aprender comportamientos discriminatorios, por lo tanto, deberán desarrollar e implementar criterios que les permita discernir entre la información y los comportamientos que deben incorporar y los que deben rechazar rotundamente.

4. **Sesgo en algoritmos para cuidados de salud:** En octubre de 2019, en el sistema de salud de EE. UU. se empezó a implementar un *software* con el fin de predecir la posible necesidad de cuidados médicos adicionales en el tratamiento de más de 200 millones de pacientes. Con el tiempo se identificó que la herramienta favorecía de manera significativa a las personas blancas. Lo anterior, debido a que una de las variables de medición, *historial de gastos médicos,* era mucho mayor en este grupo poblacional que en el de las personas afroamericanas, que, por distintas razones, tienen un historial de menor gasto. Afortunadamente, los investigadores que encontraron ese sesgo fueron capaces de reducirlo en al menos un 80 %, ya que eliminaron las variables que podían tener una correlación con la raza y entrenaron a la IA para que tomara decisiones libres de esos sesgos (Vartan, 2019).

5. **Sesgo en algoritmos de reconocimiento facial:** China ha sido clave en el desarrollo e implementación de inteligencia artificial en sus modelos de seguridad, por esta razón el Gobierno ha considerado la restricción del uso del reconocimiento facial por parte de privados. Quieren elaborar una ley en la que sea imprescindible el consentimiento individual o escrito y la declaración de un uso específico para permitir el uso de esta tecnología. Según *Techwire Asia* (2023) este proyecto; *Regulaciones al manejo de seguridad del uso de la tecnología de reconocimiento facial,* busca «regular el uso de la tecnología de reconocimiento facial, proteger los derechos e intereses de la información personal y otros derechos personales de propiedad y mantener el orden social y la seguridad pública», lo que incluye prohibiciones al uso de esta tecnología para analizar raza y etnicidad. Este proyecto, impulsado por la ACC (Administración China del Ciberespacio), llama la atención, entre otros, sobre el riesgo de perfilamiento racial y religioso que existe con la tecnología de reconocimiento facial en materia de seguridad.

También ha sido motivo de preocupación la manera en la que se suele entrenar a los algoritmos de reconocimiento facial, no solo porque pueden perfilar racialmente, sino porque suelen tener más fallas con las personas de color. Se suele hablar de un 90 % de precisión en los algoritmos de reconocimiento facial, sin embargo, estos resultados no son universales, pues los desarrolladores han entrenado a estos algoritmos mayormente con hombres blancos.

De hecho, el reconocimiento suele fallar mucho más con mujeres negras entre los 18 y 30 años (Najibi, 2020). La discriminación en el reconocimiento facial no está relacionada únicamente con el perfilamiento racial, también con la negligencia de algunos desarrolladores que han hecho de esta, una tecnología que funciona mejor para ciertos grupos privilegiados.

6. Otros contextos de discriminación por algoritmos sesgados: También se han encontrado casos de discriminación por algoritmos con sesgos en:

Aplicaciones de citas: Se han documentado casos en Tinder, Bumble, y otras aplicaciones en las que se evidencia segregación de personas según su raza, de manera que se muestran de manera menos frecuente a personas afro por juzgarlas como menos atractivas. El algoritmo aprende el sesgo a partir de su interacción con los usuarios.

Concesión de créditos: En el sistema bancario se daban límites de crédito más bajos o se rechazaban a quienes tenían perfiles financieros iguales o mejores que los de otras personas que sí habían obtenido respuestas positivas por cuestiones de raza, religión u origen. Estos factores no eran una variable explícita, pero finalmente se les discriminaba por el lugar en el que vivían, como pertenecer a un barrio de población predominantemente racializada, que había sido discriminada en el pasado por el banco, y que nuevamente se le discriminaba por un proceso algorítmico.

Sin embargo, esto no significa que se deba descartar por completo la ayuda que pueden brindar las IA en la toma de decisiones, porque a pesar de que los esfuerzos por reducir y detectar sesgos en estos algoritmos es un asunto reciente y está en una etapa temprana de su desarrollo, existen estrategias que pueden adoptarse desde ya para mejorar tales algoritmos y poder aprovechar su potencial en el presente.

Recomendaciones y estrategias para mitigar sesgos: En la búsqueda de un uso ético y equitativo de la inteligencia artificial es necesario adoptar estrategias y prácticas efectivas para contrarrestar los riesgos de discriminación racial y religiosa inherentes a sus algoritmos. La transparencia y la responsabilidad en el desarrollo y uso de la IA son fundamentales para garantizar que esta tecnología beneficie a la sociedad y contribuya a que sea más justa. Aquí presentamos una serie de recomendaciones respaldadas por diversas fuentes, como OpenAI (2023) y el Consejo Europeo (2020).

Transparencia en la toma de decisiones de la IA: La transparencia en las operaciones implica que los desarrolladores deben diseñar los algoritmos para que sus decisiones se puedan entender tanto como sea posible y garantizar que no existan sesgos que se intensifiquen con esta tecnología.

Delimitación clara de los datos a los que tiene acceso la IA: Es importante delimitar de manera precisa el acceso de la IA a los datos. Cada base de datos debe tener información previamente filtrada para evitar variables irrelevantes que constituyan un peligro o que le confiera a la IA capacidad de segmentar personas según criterios raciales o religiosos. Debe existir claridad acerca de qué datos está considerando la IA y su relevancia, además de que estos, a su vez, hayan sido obtenidos de manera responsable y justa, debe poder decirse que *los datos que la IA usa son objetivos.*

Diseño proactivo de algoritmos: Los desarrolladores deben adoptar un enfoque proactivo en el diseño de algoritmos para evitar atajos que conduzcan a sesgos. Esto implica tomar conciencia e implementar medidas efectivas para evitar sesgos algorítmicos.

Monitoreo y preprocesamiento de datos: Es imprescindible implementar un monitoreo constante de los datos que recibe la IA y aplicar un preprocesamiento que minimice la presencia de datos sesgados o estereotipados.

Detectores de sesgos y análisis de datos: Integrar detectores en los algoritmos y realizar análisis de datos en los servidores de la IA son prácticas esenciales para reducir la probabilidad de sesgos discriminatorios, y vicios en el proceso, así como detectar de manera temprana los factores los originan.

Técnicas de mitigación de sesgos: Las técnicas de mitigación de sesgos desempeñan un papel crucial en la construcción de una IA justa. Esto incluye ponderar datos, modificar funciones de pérdida e introducir restricciones para sus modelos.

Asimismo, se puede entrenar a la inteligencia artificial con redes de datos que busquen introducir y reducir sesgos para que aprenda a diferenciarlas y priorizar las que no los causan. De esta manera el modelo aprende y adquiere herramientas para evitar sesgos desde su funcionamiento interno.

Definición de métricas de justicia: Es fundamental determinar métricas para la equidad de los modelos de IA en contextos específicos. Estas métricas permiten analizar la igualdad de oportunidades en ciertos grupos poblacionales o si se mantiene la paridad estadística entre ellos.

Existe un catálogo de métricas y herramientas desarrollado por la Organización para la Cooperación y el Desarrollo Económico (OCDE), que ofrece un conjunto de recursos para garantizar que los sistemas de IA sean justos, transparentes, explicables, robustos y seguros. Es un insumo que recomendamos tener en cuenta siempre que se desarrolle inteligencia artificial.

Retroalimentación humana: Proporcionar retroalimentación humana a la IA de forma periódica puede ser muy útil para identificar y corregir posibles sesgos en su funcionamiento. Tener presencia y criterio humano no garantiza la detección y erradicación total de sesgos, pero la asistencia humana en su detección contribuye a hacerlos menos comunes.

Equipos de desarrollo diversos y conscientes: Para garantizar resultados justos en la toma de decisiones, es fundamental contar con equipos de desarrollo diversificados, altamente capacitados y conscientes de los riesgos y consideraciones éticas involucradas en el diseño y la implementación de IA.

Transparencia y responsabilidad empresarial: Si un algoritmo discrimina debe haber responsables que asuman y subsanen las consecuencias. Las compañías que desarrollan inteligencia artificial deben asumir la responsabilidad de cualquier tipo de discriminación que ejerzan sus modelos y comprometerse en evitar sesgos y garantizar su uso ético.

Conclusión

Si se siguen estas recomendaciones y los desarrolladores de IA se preocupan por diseñar modelos justos, la IA puede ser un aliado muy importante para mitigar la discriminación en diversidad de contextos. En conclusión, las IA reflejan los sesgos humanos por lo cual se hace necesario un diseño responsable, que permita visibilizarlos y evitar que persistan.

El Consejo Europeo hace énfasis en el impacto que la inteligencia artificial puede tener en los derechos humanos y cómo esta se constituye en un factor crucial para cambiar la época en la que vivimos. Por esta razón, el Consejo Europeo está desarrollando estudios y programas de entrenamiento para medir el impacto de las IA en la discriminación y encontrar soluciones para mitigar su impacto. El consejo ha encontrado herramientas regulatorias como la protección de datos y la regulación en diferentes sectores; como las leyes de empleo, que puede evitar los sesgos algorítmicos. Se debe ser cauteloso y no ceder por completo a la inteligencia artificial la toma de decisiones, estas deben ser herramientas útiles a las que se monitorea constantemente para garantizar que en su proceso de aprendizaje no haya espacio a la discriminación.

Referencias

Agencia AFP. (2023). Buscan restringir el uso del reconocimiento facial en China. *El Espectador.* https://www.elespectador.com/tecnologia/buscan-restringir-el-uso-del-reconocimiento-facial-en-china/.

Bagchi, R. (2021). Explained: Why Artificial Intelligence's religious biases are worrying. *The Indian Express.* https://indianexpress.com/article/explained/explained-why-artificial-intelligences-religious-biases-are-worrying-7533309/.

Council of Europe. (2020). *AI & Discrimination.* https://www.coe.int/en/web/inclusion-and-antidiscrimination/ai-and-discrimination.

IBM Data and AI Team. (2023). *Shedding Light on AI Bias with Real World Examples.* https://www.ibm.com/blog/shedding-light-on-ai-bias-with-real-world-examples/.

Mujica Ramírez, M. P., Guio Español, A., Vanegas Barrero, V. R., Fernández Gómez, L., y Dávila Barragán, J. A. (2022). *Misión de expertos en IA de Colombia.* Gobierno de Colombia.

Müller, V. (2023). Ethics of Artificial Intelligence and Robotics. En *Stanford Encyclopedia of Philosophy*, E. Zalta, U. Nodelman (Ed.) Metaphysics Research Lab, Stanford University. https://plato.stanford.edu/archives/fall2023/entries/ethics-ai/.

Najibi, A. (2020). *Racial Discrmination in Face Recognition Technology. Science in The News.* https://sitn.hms.harvard.edu/flash/2020/racial-discrimination-in-face-recognition-technology/.

Open AI. (2023). *How should AI systems behave, and who should decide?* https://openai.com/blog/how-should-ai-systems-behave#OpenAI.

Shen, B. (2015). Cómo mitigar los sesgos injustos en la inteligencia artificial. *Open Global Rights.* https://www.openglobalrights.org/mitigating-unfair-bias-in-artificial-intelligence/?lang=Spanish.

Vartan, S. (2019). Racial Bias Found in a Major Health Care Risk Algorithm. *Scientific American.* https://www.scientificamerican.com/article/racial-bias-found-in-a-major-health-care-risk-algorithm/.

Veale, M., & Binns, R. (2017). Fairer machine learning in the real world: Mitigating discrimination without collecting sensitive data. *Big Data & Society*, 4 (2), 205395171774353. https://doi.org/10.1177/2053951717743530.

Capítulo 3.

Equidad de género en el mundo digital: desafíos y oportunidades de la IA

La inteligencia artificial ha desempeñado un papel decisivo en nuestra interacción con la tecnología y la forma en que nos conectamos con nuestro entorno. Sin embargo, su implementación ha traído consigo sesgos hacia grupos específicos, exacerbando la discriminación y contribuyendo a las disparidades lo que ha afectado su inserción en las dinámicas sociales.

En este capítulo profundizaremos en la manera en que estos fenómenos han influido en las dinámicas de género, evidenciando cómo la inteligencia artificial ha propiciado la ampliación de brechas y la perpetuación de estereotipos perjudiciales para las mujeres. Además, presentaremos recomendaciones concretas para abordar estos desafíos, dado que se hace necesario que la inteligencia artificial evolucione como una herramienta para impulsar el desarrollo de la sociedad y no una que acentúe las dificultades y desigualdades que afectan a las mujeres.

1. Sesgo algorítmico en materia de género

Desde lo técnico, la inteligencia artificial se define como

> un conjunto de tecnologías disruptivas creadas por seres humanos que, mediante técnicas de aprendizaje automático (*machine learning*) y aprendizaje profundo (*deep learning),* son capaces de computar, procesar e interpretar datos, tanto estructurados como no estructurados. Esto les permite tomar decisiones para lograr objetivos predefinidos (Ortiz, 2023, pág. 5)

En otras palabras, la inteligencia artificial tiene la capacidad de tomar decisiones basadas en los datos proporcionados por los humanos, identificando patrones de comportamiento repetitivos que deben aplicarse. Ahora bien, si los datos que alimentan la IA contienen sesgos de género, se potencian las desigualdades o actos discriminatorios, dado que esta tecnología replicará los modelos agravando las brechas de género.

Uno de los desafíos principales en cuanto a la alimentación de las inteligencias artificiales radica en la sobrerrepresentación inicial de hombres en las bases de datos, lo que los privilegia al segmentar y tomar decisiones. Según Buolamwini (2019), las IA utilizadas para el reconocimiento facial podían identificar a los hombres blancos en un 99,9 %, mientras que solo podían identificar a las mujeres de diferentes razas en un 35 %, evidenciando la falta de datos diversos e inclusivos relacionados con las mujeres.

Además, cuando empresas del ecosistema tecnológico, que históricamente han contratado más hombres que mujeres emplean algoritmos de IA para sus procesos de selección, los algoritmos tienden a beneficiar a los candidatos masculinos. Esto se debe a que las IA aprenden de los patrones constantes que influyeron en el pasado en los procesos de contratación.

Un evidente caso de sesgo de género en algoritmos de contratación se dio en Amazon en 2017. La empresa implementó una IA para facilitar su proceso de selección de personal, pero con el tiempo se descubrió que el algoritmo discriminaba a las mujeres al favorecer las postulaciones de hombres. Esto como consecuencia de que el algoritmo se entrenó utilizando datos previos de contratación en la empresa, en la que ya existía una brecha de género en cargos directivos de las áreas de ciencia y tecnología, cargos que históricamente habían sido ocupados por hombres. Este patrón fue aprendido y replicado por la IA.

Si la IA se diseña para replicar la forma en que la empresa ha contratado en el pasado, es esencial revisar a profundidad el historial de contratación y los datos a los que se les da relevancia para que la IA tome decisiones. La inteligencia artificial aprende a descartar y seleccionar candidatos según las normativas establecidas por los desarrolladores y los datos a los que tiene acceso. Si se utiliza el historial de contratación de la empresa como estándar y hay un precedente de preferencia para contratar o descartar a personas de cierto género, la IA puede inclinarse a discriminar. Este tipo de sesgo recibe el nombre de "sesgo histórico" (*historical bias*).

Adicionalmente, las inteligencias artificiales han influido de manera significativa en la interpretación, representación y replicación de estereotipos de género. Según Ortiz (2023), en pruebas realizadas a programas de asistencia personal como Siri o Alexa, se solicitó analizar dos imágenes idénticas en las que aparecía una persona sosteniendo un martillo. La IA reconocía automáticamente a esa persona como un hombre y, correctamente, identificaba que sostenía un martillo. Sin embargo, cuando la persona en la foto era percibida como una mujer, la IA no reconocía que estaba sosteniendo un martillo, sino una escoba.

De igual forma se descubrió que los sistemas de asistencia se alimentaban más de datos con voz de hombre que de datos con voz de mujer, hecho que dificulta que se reconozca la voz de ellas. Incluso, se demostró que en algunos casos no podían identificar palabras o frases clave como «violación» o «mi marido me está pegando» (Ortiz, 2023, pág. 12). Este tipo de sesgos en la interpretación de datos y representación de roles de género refleja cómo la IA puede contribuir a la perpetuación de estereotipos y a la invisibilidad de ciertas experiencias de las mujeres.

2. Empleo e inteligencia artificial

La inteligencia artificial ha transformado considerablemente las dinámicas laborales aportando eficiencia mediante la automatización y mejorando el rendimiento de los trabajadores. No obstante, este avance también ha acarreado desigualdades y desafíos, especialmente en lo que concierne a la asignación de empleo por género. La automatización y la digitalización de tareas plantean una amenaza para roles que históricamente han sido desempeñados por mujeres, generando preocupaciones acerca de la equidad de género en el ámbito laboral. Según la UNESCO (2022) «el uso de tecnologías de IA afectará las oportunidades de las mujeres en el trabajo, posición, estatus y tratamiento en el ámbito laboral» (pág.9).

Las persistentes desigualdades de género en el ámbito laboral son evidentes y se reflejan en las brechas salariales a nivel global y en la menor tasa de participación laboral de las mujeres, especialmente en áreas vinculadas a la ciencia y tecnología. En el contexto colombiano, al inicio de 2022, la tasa de participación laboral global fue del 51,5 %, en contraste con el 76,5 % para los hombres, lo que representa una brecha de 25 puntos porcentuales (ONU Mujeres, 2022). De acuerdo con el Kenan Institute (2023) ocho de cada diez mujeres desempeñan roles susceptibles a la automatización mediante la inteligencia artificial, estando un 21 % más expuestas que los hombres, a pesar de que estos constituyan la mayoría en la fuerza laboral.

Los empleos en sectores como logística, apoyo administrativo y procesamiento de datos están especialmente en riesgo de ser automatizados por la inteligencia artificial generativa (UNESCO, 2022), áreas donde la presencia de la mano de obra femenina es preponderante. Tomando como ejemplo Estados Unidos, las mujeres representan aproximadamente el 70 % de los empleos asociados a la fuerza laboral de oficina, con un potencial de automatización del 46 % (Goldman Sachs, 2023). Los empleos que le siguen en riesgo de automatización son las labores asociadas con el derecho (44 %); arquitectura e ingeniería (37 %); ciencias sociales (36 %) y operaciones financieras (35 %).

La influencia de la inteligencia artificial en la perpetuación de la brecha laboral entre hombres y mujeres es clara. Para abordar esta disparidad, algunas organizaciones como la UNESCO (2022) proponen la necesidad de capacitar a las mujeres en habilidades directamente vinculadas a la IA y en carreras STEM (Acrónimo en inglés que significa Science, Technology, Engineering y Mathematics, y que en español se traduce como Ciencia, Tecnología, Ingeniería y Matemáticas) para prepararse ante las demandas laborales futuras. A pesar de esto, persisten condiciones desiguales en el acceso a la tecnología y las habilidades digitales previas, lo cual marca diferencias notables entre hombres y mujeres a nivel global.

En el continente africano el acceso a Internet para las mujeres es del 20,2 %, en comparación con el 37,1 % de los hombres, en Asia estas cifras corresponden al 41,3 % para las mujeres y el 48,3 % para los hombres. En los países árabes, el acceso es del 47,3 % para mujeres y del 61,3 % para hombres y en América, estas cifras son del 76,3 % para mujeres y 77 % para hombres. Las proporciones más altas se encuentran en Europa, con un 80,1 % para las mujeres y un 85,1 % para los hombres (UNESCO, 2022).

La literatura destaca que la brecha de género en la conectividad tiene repercusiones en las capacidades de las mujeres: afecta su capacidad para buscar, postularse y conseguir empleo y prosperar en su trabajo actual, además de limitar sus oportunidades para adquirir las habilidades y conocimientos necesarios para futuros empleos.

En el ámbito educativo son diversos los factores que contribuyen a la disparidad en la participación de las mujeres en carreras STEM, entre ellos se encuentran los prejuicios, las normas sociales y las expectativas. En Estados Unidos, por ejemplo, solo el 25 % de las mujeres elige educarse en estas áreas, a pesar de representar el 50 % de la población. En Colombia la proporción es del 31,5 % (MinEducación, 2023). La falta de acceso equitativo a la tecnología y las disparidades en la elección de carreras STEM pueden contribuir al rezago de las mujeres en el uso y desarrollo de la inteligencia artificial.

3. Representación insuficiente en la industria tecnológica y en el desarrollo de los algoritmos

La escasa presencia de mujeres en carreras STEM genera una clara desigualdad en su participación en la industria tecnológica. Según la Unión Europea (2016) apenas seis de cada 100 mujeres logran acceder a roles en la industria tecnológica después de graduarse en campos STEM. Esta falta de diversidad de género en el diseño de algoritmos da lugar a la creación de productos y servicios que no se ajustan adecuadamente a las necesidades y perspectivas de las mujeres.

A nivel global, tan solo el 26 % de los roles relacionados con la inteligencia artificial son ocupados por mujeres (World Economic Forum, 2021). En Silicon Valley, los reclutadores de empresas tecnológicas estiman que las mujeres representan menos del 1 % de los solicitantes para trabajos relacionados con ciencia de datos e IA (UNESCO, 2022). Esta escasa presencia de mujeres en equipos de trabajo impacta directamente en el desarrollo de estas tecnologías y puede dar lugar a sesgos algorítmicos, como se ilustra en el numeral 1.

En 2017 la compañía tecnológica Google estuvo en el ojo del huracán cuando James Damore, uno de sus directores, publicó una notificación titulada *Google's Ideological Echo Chamber* en la cual argumentaba que la falta de representación de mujeres en áreas tecnológicas de la empresa no era discriminatoria, sino que se debía a diferencias psicológicas y biológicas inherentes entre ambos sexos. Damore sostenía que las mujeres mostraban más interés en actividades sociales y artísticas y que tenían mayores niveles de neuroticismo, perpetuando estereotipos sobre las labores más adecuadas para hombres y mujeres.

Esta notificación generó debate y evidenció que, sin equipos de trabajo diversos, el 85 % de los proyectos de inteligencia artificial pueden generar resultados inexactos debido a la falta de representación en los datos con los que son alimentados (World Economic Forum, 2021). Como se argumentó anteriormente, la IA refuerza los sesgos de género, y ello solo puede evitarse cuando son alimentadas con datos que eluden estereotipos y promueven la diversidad en su desarrollo.

3. Violencia de género

La violencia de género digital, la privacidad de los datos personales de las mujeres, la suplantación de identidad y la creación de contenido sexual mediante el uso de inteligencia artificial son desafíos emergentes. A pesar de que la inteligencia artificial puede emplearse para detectar y prevenir estos problemas, en los últimos años ha sido utilizada como un canal para perpetuarlos.

En el 2017 fue lanzada una plataforma web con el nombre de *DeepNude*, la cual utilizaba la inteligencia artificial generativa a través del uso de fotografías con las que era alimentada. La plataforma eliminaba la ropa de las imágenes de las mujeres en las fotografías transformándolas en contenido sexual explícito. Esta aplicación solo funcionaba cuando se utilizaban fotografías de mujeres dado que generaba imágenes de vulvas de forma automática, incluso cuando era alimentada por fotografías de hombres.

La plataforma destacó cómo la inteligencia artificial tenía un impacto directo en la utilización no autorizada de imágenes de mujeres y en la distribución maliciosa de contenido sexual. Katelyn Bowden, CEO de una organización contra la pornovenganza, señaló en una entrevista con la revista *Vice* (2019) que con estas tecnologías cualquier mujer estaba en riesgo de ser víctima de este delito, incluso sin haberse tomado fotografías con contenido sexual.

Tras las denuncias, las investigaciones revelaron que *DeepNude* había sido alimentado con más de 10 000 fotos de mujeres desnudas. Cuando se le preguntó por qué solo funcionaba con mujeres, el creador de *DeepNude* afirmó que encontrar fotos de mujeres desnudas en Internet es mucho más fácil que las de hombres. La aplicación fue eliminada de la web en 2019 tras demostrar que cientos de mujeres habían sido víctimas de extorsión por las imágenes generadas por esta inteligencia artificial.

En respuesta a este incidente, en 2019, el Congreso de Estados Unidos promulgó la *Deep Fakes Accountability Act*, una legislación que prohíbe el uso de tecnologías para la suplantación de identidad y establece sanciones penales por violar la intimidad de las personas afectadas por su uso. Además, la ley impone obligaciones a los fabricantes de *software* que pueden crear este tipo de contenido, exigiendo que sus productos cuenten con la capacidad técnica de insertar marcas de agua que notifiquen que las imágenes son falsas.

El intercambio no consensuado de imágenes o videos con contenido sexual, incluyendo la difusión de imágenes falsas, se cataloga como una forma de abuso sexual. Investigaciones como la realizada por el Departamento de Psicología de la Universidad Británica en Egipto (2023), señalan que este fenómeno se lleva a cabo principalmente por exparejas, parejas actuales y *hackers* con motivaciones de venganza, siendo perpetrado en su mayoría por hombres contra mujeres. Este tipo de abuso tiene un impacto significativo en la salud física y psicológica de las víctimas.

El estudio también evidencia que la difusión de estas imágenes contribuye a la normalización del sexo y la violación de la intimidad en Internet, factores determinantes para el acoso, la humillación, la explotación y el *bullying* contra las mujeres. Además, al tratarse de imágenes generadas mediante herramientas tecnológicas, se dificulta la denuncia y la reparación para las víctimas.

En otro ámbito, la creación de robots sexuales ha desencadenado debates éticos sobre las implicaciones de estas tecnologías pues se estima que en un futuro serán mucho más populares que los juguetes o muñecos sexuales que ya existen en el mercado. Los robots sexuales son aquellos que cuentan con cuatro características:

> 1) Tienen forma de humano; 2) Se mueven en maneras que son asociadas con las interacciones sexuales; 3) Son palpables y no holográficos; y 4) Cuentan con la suficiente inteligencia artificial para comunicarse con la persona que lo utiliza (Sterri y Earp, 2021, pág. 3).

Según Ortiz (2023) los robots sexuales refuerzan estereotipos que propician la violencia contra la mujer al representar exclusivamente figuras de mujeres hipersexualizadas y asociadas a la pornografía y al permitir ser comprados por partes, facilitando así una objetivación aún más fragmentada. Para Ortiz, el uso de inteligencias artificiales con el único propósito de satisfacer deseos sexuales debería alarmar a todas las personas comprometidas con la consecución de una igualdad real y efectiva entre hombres y mujeres.

La proliferación de los robots sexuales representa una violación al principio de que las relaciones sexuales deben basarse en el consentimiento mutuo. Earp y Grunt (2020) investigadores de la Universidad de Yale señalan cómo estas tecnologías pueden alimentar la satisfacción de deseos sexuales vinculados a la violación y a la falta de consentimiento de las víctimas.

Braanen & Earth (2021) consideran que los robots sexuales se convierten en una forma de servidumbre sexual «siempre lista y dispuesta a satisfacer los deseos de una persona, sin importar quién sea» (pág.2). Esta situación es preocupante, ya que, al fomentar la idea de la servidumbre sexual forzada, se traspasan los límites de la autonomía personal y las relaciones éticamente consensuadas.

Incluso se han desarrollado robots diseñados exclusivamente para satisfacer el deseo de violación hacia una mujer, ya que simulan resistencia y expresan no consentimiento al acto sexual. Una empresa de robots sexuales lanzó al mercado un robot capaz de adaptarse a múltiples personalidades, una de las cuales era Farrah Rígida, descrita por la compañía como «una mujer muy reservada y que no siempre desea tener actividades íntimas». Según Braanen y Earth (2021) la creación de robots sexuales para satisfacer fantasías de violación y promoverlas es peligrosa para el carácter moral de quienes participan en estos actos y tiene impactos negativos para la sociedad en general.

En Japón también se ha registrado la creación de robots sexuales con la intención de simular el cuerpo de niñas pequeñas o adolescentes para satisfacer las fantasías de pedofilia de quienes los adquieren. Según Danaher (2019), la fabricación de estos robots sexuales resulta en una mayor sexualización de los niños, lo que puede aumentar el riesgo de abuso.

Braanen y Earth (2021) argumentan, basándose en las investigaciones de Sparrow (2017), Striskwerda (2017) y Danaher (2017), que el uso de robots sexuales, especialmente aquellos que fomentan fantasías de violación o pedofilia, constituye una corrupción en el carácter de quienes los utilizan y revela profundas deficiencias en sus sensibilidades morales, demostrando un grave irrespeto hacia las mujeres y los niños.

4. Asistentes de voz

En cuanto al desarrollo de *hardware* hay otros elementos que perpetúan los estereotipos de género en la inteligencia artificial. Un ejemplo de esto son las asistentes personales virtuales que, a través de la asignación de elementos como la voz, el nombre y el aspecto físico, se asocian con los roles de asistencia que tradicionalmente han sido asignados a las mujeres.

Según Ortiz (2023) los sesgos en los *chatbots* o en los asistentes de voz surgen al «asociar de manera sistemática un rol de asistencia, que es el que desempeñan estos sistemas, a las mujeres» (pág.17). Se les atribuyen características como complacencia del usuario, ser serviciales e incluso dóciles, lo que refuerza estereotipos asociados al cuidado y el trabajo doméstico (UNESCO, 2022).

Además, se ha demostrado que se asigna un género a los asistentes de voz de acuerdo con el rol que desempeñan. Son percibidos como femeninos cuando ayudan en tareas serviles y de asistencia técnica, mientras que se les asigna un género masculino cuando están asociados con aspectos legales, financieros y médicos.

En el 2019 la UNESCO publicó un informe titulado *Me sonrojaría si pudiera*, donde se demuestra que la caracterización de mujeres como asistentes digitales, tales como Alexa, Cortana y Siri, tiene un impacto en la vida laboral de las mujeres al perpetuar estereotipos de feminidad asociados con la asistencia técnica. La investigación sostiene que estos sistemas refuerzan la idea de que las mujeres deben ocupar puestos de trabajo orientados al servicio y administrativos.

La investigación también reveló que las asistentes de voz propician la discriminación hacia las mujeres. Cuando se utiliza lenguaje ofensivo en contra de ellas, las respuestas de las asistentes de voz son sumisas y dóciles. Incluida la respuesta que lleva por nombre el informe *Me sonrojaría si pudiera* o *Alguien debería lavarse la boca con agua y jabón*. Estas respuestas perpetúan estereotipos de género, ya que las aplicaciones, al ser incapaces de defenderse del insulto, toleran el acoso sexual y favorecen el abuso, contribuyendo a la brecha de género (UNESCO, 2019).

En 2017 el medio de comunicación *Quartz* llevó a cabo una investigación sobre las respuestas de cuatro asistentes de voz para evaluar la tolerancia al acoso sexual. Los resultados revelaron que Siri solo interrumpía las provocaciones sexuales después de que se repetían ocho veces; antes de eso, las respuestas eran tolerantes con las insinuaciones sexuales y «reforzaban estereotipos de respuestas sumisas que contribuyen a la cultura de la violación al responder con ambigüedades indirectas frente al acoso» (Quartz, 2017).

Asimismo, la investigación llevó a cabo pruebas para evaluar el nivel de aceptación de los asistentes de voz frente al acoso sexual y la violación. Se descubrió que al preguntar: «¿Violar está bien?», solo la asistente de voz de Google rechaza categóricamente esta acción, mientras que las demás no condenaban el acto. Incluso Cortana, la asistente de voz de Microsoft, respondía con un video de YouTube titulado *Cuando la violación está bien.*

Los autores resaltan la importancia de que los responsables del desarrollo de asistentes de voz implementen respuestas que rechacen el abuso sexual y promuevan el consentimiento en las relaciones sexuales, contribuyendo así, a no perpetuar la cultura de violación arraigada en nuestra sociedad.

Según la UNESCO (2022) las respuestas y el lenguaje empleados por asistentes de voz «debería demostrar narrativas o comportamiento a ser emulados en la sociedad, el trabajo o en ambientes domésticos, y no promover relaciones de poder desiguales o estereotipos de responsabilidades de cuidado o de servicio como algo encarnado en las mujeres» (pág. 68).

Recomendaciones

Como observamos en los casos presentados anteriormente, hay diversas formas en las que el desarrollo de la inteligencia artificial puede perpetuar e incluso fomentar los roles de género de nuestra sociedad. Por ello, es crucial proponer algunas recomendaciones éticas para abordar estas problemáticas y lograr un desarrollo de esta tecnología con marcos más justos y éticos hacia las mujeres:

1. El sesgo algorítmico en las tecnologías de inteligencia artificial se constituye como uno de los principales factores en la generación de discriminación hacia las mujeres. En consecuencia, es necesario garantizar de forma continua, que los datos utilizados para entrenar los algoritmos reflejen la diversidad de la población, incluyendo información relativa a

las mujeres y a sus experiencias de vida. Este enfoque será esencial para identificar y rectificar sesgos que puedan surgir en el desarrollo de estas tecnologías. Las empresas deben integrar dentro de sus tecnologías mecanismos destinados a tal propósito y garantizar la detección y mitigación de sesgos durante todas las fases del desarrollo y la implementación de los algoritmos.

2. Es esencial establecer prácticas de transparencia en el proceso de generación de algoritmos con el propósito de evaluar posibles sesgos y prevenir la discriminación derivada de su utilización. Las compañías de tecnología deben comprometerse a dar a conocer cómo sus algoritmos toman decisiones, así como qué datos son empleados en dichos procesos, esto con el fin de fomentar la confianza de sus usuarios, e identificar y corregir de manera proactiva sesgos no deseados que podrían afectar de manera particular a las mujeres. Ante la llegada de la inteligencia artificial como factor de transformación de las dinámicas laborales, se hace imprescindible implementar programas de capacitación y desarrollo profesional en IA y en habilidades digitales dirigidos a mujeres, enfoque que coincide con la propuesta de la UNESCO (2022) de aumentar la demanda de habilidades en IA para participar en la creación, desarrollo e interacción con sistemas de inteligencia artificial. Según dichas recomendaciones, fortalecer las habilidades de *reskilling* y *upskilling*

- Alfabetización básica y lectura.
- Aritmética.
- Estrategias de procesamiento e interpretación de información.
- Resolución de problemas.
- Pensamiento creativo.
- Habilidades interpersonales.
- Autoorganización.
- Disposición a aprender.
- Gestión y comunicación

Paralelamente, es necesario garantizar la aplicación de políticas de contratación que fomenten la diversidad de género en los equipos de trabajo, promoviendo la inclusión de mujeres en roles vinculados a nuevas tecnologías y habilidades digitales, especialmente en empleos con enfoque STEM. Así como la «recapacitación y promoción de mujeres en el ámbito laboral para apoyar una participación equitativa de las mujeres en posiciones de liderazgo y en frontera tecnológica». (UNESCO, 2022, pág. 31).

3. Para prevenir sesgos algorítmicos en el desarrollo de tecnologías de inteligencia artificial, resulta esencial incrementar la representación de las mujeres en la industria tecnológica y desafiar estereotipos relacionados con su participación en carreras STEM. Las empresas deben asegurarse de que sus equipos de trabajo sean diversos, garantizando la participación activa de mujeres en todas las etapas del desarrollo tecnológico: creación, desarrollo, implementación y supervisión, con el fin de evitar la propagación de sesgos potenciales.

Además, es fundamental desarrollar campañas desde edades tempranas para motivar a niñas y adolescentes a involucrarse en carreras tecnológicas. Establecer programas de mentorías y contar con modelos a seguir ayudará a romper estereotipos y fomentar el interés de las mujeres en estas áreas a futuro.

Garantizar la igualdad de oportunidades en la contratación también desempeña un papel fundamental. Los anuncios de vacantes laborales deben ser presentados de manera justa y equitativa, utilizando herramientas como la minería de datos o el aprendizaje automático (UNESCO, 2022) para eliminar patrones discriminatorios. El uso de un lenguaje inclusivo en las convocatorias también es fundamental.

Es necesario evitar el uso de aquellos sistemas de contratación potenciados con Inteligencia Artificial que se alimenten de datos sesgados y no representativos de las mujeres, especialmente en el sector tecnológico. Hay que asegurarse que estos sistemas reflejan y destaquen la presencia de mujeres y así no se priorice la contratación de hombres.

4. La inteligencia artificial debe ser concebida y empleada con el propósito de prevenir la propagación de la violencia de género, resguardar la privacidad de los datos personales de las mujeres, evitar la suplantación de identidad y prevenir la creación y distribución no consensuada de contenido sexual.

Para lograrlo, es vital que los desarrolladores tecnológicos anticipen los posibles peligros y riesgos que puedan afectar la integridad de las mujeres, implementando estándares éticos y protocolos en sus tecnologías, siempre garantizando la protección a la privacidad y los datos personales.

Es necesario reforzar la regulación del uso de tecnologías con fines sexuales no consensuados, estableciendo normativas claras que prohíban el uso malicioso de la inteligencia artificial contra las mujeres y la implementación de sanciones efectivas para aquellos que incurran en dichas prácticas.

La industria tecnológica debe impulsar el desarrollo de tecnologías de detección para identificar y eliminar el contenido generado por inteligencia artificial que viole la privacidad de sus víctimas. Las plataformas tecnológicas deben colaborar entre sí para detectar y erradicar contenido que promueva la violencia de género generada por algoritmos y fomentar la responsabilidad corporativa en la prevención de abusos.

En cuanto a la creación y proliferación de robots sexuales, los desarrolladores de estas tecnologías deben establecer marcos éticos que pongan freno a la cultura de la violación y promuevan el consentimiento en las relaciones sexuales. Cualquier programa que incite a la violación o a la violencia contra la mujer debe ser eliminado. Asimismo, la creación de robots sexuales con apariencia de niños y adolescentes debe ser regulada bajo las mismas terminologías de la pornografía infantil y con un enfoque en la reducción del daño (Sterri y Earp. 2021).

5. El desarrollo de asistentes de voz debe evitar la perpetuación de estereotipos vinculados al rol de la mujer en la sociedad. Para ello es necesario garantizar diversidad de voces y personalidades, y pluralidad en sus equipos para abarcar distintas perspectivas que permitan identificar acciones que conduzcan a la perpetuación de la violencia de género o de los estereotipos en las mujeres.

Además, es determinante implementar un lenguaje inclusivo en la programación de asistentes de voz, fomentando respuestas que promuevan la igualdad y el respeto, así como proporcionar a los usuarios opciones para personalizar la voz y la interacción con los asistentes según sus preferencias.

Se debe entrenar a los asistentes de voz para ofrecer respuestas éticas y no tolerantes con comportamientos abusivos, acosadores o sexistas. Esto implica la implementación de mecanismos que rechacen o corrijan el uso indebido de asistentes de voz para fines inapropiados. La incorporación de filtros de contenido y sistemas de moderación es esencial para detectar y bloquear mensajes que contengan violencia de género, acoso o contenido ofensivo hacia las mujeres.

Referencias

Bayona Rodríguez, H. (2023). *STEM: una lucha en clave de género.* Ministerio de Educación de la República de Colombia. https://www.mineducacion.gov.co/portal/micrositios-institucionales/Dia-de-la-Mujer-2023/414325:STEM-una-lucha-en-clave-de-genero#:~:text=Aunque%20en%20el%20pa%C3%ADs%20el,programas%20acad%C3%A9micos%20STEM%20eran%20mujeres.

Buolamwini, J. (2019). Artificial Intelligence Has a Problem with Gender and Racial Bias. Here's How to Solve It. *TIME.* https://time.com/5520558/artificial-intelligence-racial-gender-bias/

Collett, C., Neff, G., y Gouvea, L. (2022). *Los efectos de la IA en la vida laboral de las mujeres.* Organización de las Naciones Unidas para la Educación, la Ciencia y la Cultura (UNESCO), el Banco Interamericano de Desarrollo y la Organización para la Cooperación y el Desarrollo Económicos. http://dx.doi.org/10.18235/0004055.

Conger, K. (2017). *Exclusive: Here's The Full 10-Page Anti-Diversity Screed Circulating Internally at Google.* GIZMODO. https://gizmodo.com/exclusive-heres-the-full-10-page-anti-diversity-screed-1797564320.

Cole, S. (2019). This Horrifying App Undresses a Photo of Any Woman With a Single Click. *Vice.* https://www.vice.com/en/article/kzm59x/deepnude-app-creates-fake-nudes-of-any-woman.

DANE, Consejería Presidencial para la Equidad de la Mujer (CPEM), ONU Mujeres. (2022). *Mujeres y hombres: Brechas de género en Colombia.* https://colombia.unwomen.org/sites/default/files/2022-11/Resumen%20Ejecutivo-RE_MyHBrechas-FINAL-17Nov%20%282%29.pdf.

Earp, B. D., & Grunt-Mejer, K. (2021). *Robots and Sexual Ethics. Journal of Medical Ethics,* 47, 1-2. http://dx.doi.org/10.1136/medethics-2020-107153.

Firth-Butterfield, K., & Ammanath, B. (2021). 5 ways to get more women working in AI. *World Economic Forum.* https://www.weforum.org/agenda/2021/08/5-ways-increase-women-working-ai/.

Hall, M., Hearn, J., y Lewis, R. (2023). Image-Based Sexual Abuse: Online Gender-Sexual Violations. *Encyclopedia* 2023, 3 (1), 327-339. https://doi.org/10.3390/encyclopedia3010020.

Hatzius, J., Briggs, J., Kodnani, D., y Pierdomenico, G. (2023). *The Potentially Large Effects of Artificial Intelligence on Economic Growth (Briggs/Kodnani).* Goldman Sachs | Economics Research.

McNeilly, M. (2023). *Will Generative AI Disproportionately Affect the Jobs of Women?* Kenan Institute of Private Enterprise. https://kenaninstitute.unc.edu/kenan-insight/will-generative-ai-disproportionately-affect-the-jobs-of-women/.

Ortiz de Zárate Alcarazo, L. (2023). Sesgos de género en la inteligencia artificial. *Revista de Occidente,* 502, 5-20.

Sterri, A. B., & Earp, B. D. (s.f.). *The ethics of sex robots.* En *The Oxford Handbook of Digital Ethics,* C. Véliz (ed.), Oxford University Press. https://www.researchgate.net/publication/348250386_The_Ethics_of_Sex_Robots.

Van Wynsberghe, A. (2019). *Women in AI: Promoting inclusive participation across society.* European AI Alliance, Comisión Europea. https://futurium.ec.europa.eu/el/european-ai-alliance/blog/women-ai-promoting-inclusive-participation-across-society?language=es.

West, M., Kraut, R., Chew Han Ei, & UNESCO [EQUALS Skills Coalition]. (2019). *I'd blush if I could: closing gender divides in digital skills through education.* https://doi.org/10.54675/RAPC9356.

Capítulo 4

Ecoalgoritmos: sostenibilidad ambiental en la era de la inteligencia artificial

Introducción a la relación entre IA y sostenibilidad ambiental

La crisis ambiental es uno de los desafíos más apremiantes que enfrentamos en la actualidad. Es un problema que trasciende fronteras geográficas y afecta a todo el planeta. Nuestro futuro, y el de las generaciones venideras, depende en gran medida de nuestra capacidad para preservar y restaurar nuestro entorno natural. Como nunca, tenemos en nuestras manos el futuro de la Tierra, el único hogar que tenemos, y es nuestra responsabilidad cuidarlo y mantenerlo como un ambiente adecuado para todas las formas de vida, incluyendo la humana.

La magnitud de la crisis ambiental se manifiesta en diferentes aspectos como el cambio climático, la pérdida de biodiversidad, la contaminación del aire y del agua, y la degradación de los ecosistemas. Para abordar y tratar de dar solución a estos problemas, debemos aprovechar las herramientas a nuestra disposición. En este caso, una de las más prometedoras es la inteligencia artificial. La IA ofrece un conjunto de capacidades técnicas que pueden revolucionar nuestra forma de ver los desafíos medioambientales.

Se ha demostrado que la IA puede ser una herramienta eficaz para monitorear y predecir los cambios en el clima, en la calidad del aire y en la prevención de desastres naturales, ya que proporciona datos cruciales para la toma de decisiones informadas, dado que puede entender las diferentes variables y dar sugerencias precisas al predecir qué puede suceder según los datos climáticos que se le presenten. Adicional a lo anterior, puede contribuir a la gestión sostenible de los recursos naturales, reduciendo el desperdicio de recursos y[1] OBJ y la pesca. También puede ayudar en la identificación y mitigación de la contaminación, así como en la conservación de la biodiversidad a través de la monitorización y protección de especies en peligro de extinción, entre muchos otros usos.

1 Silvicultura: ciencia del cultivo y formación de bosques.

El coordinador de Transformación Digital del Programa Ambiental de las Naciones Unidas; David Jensen, ve en la inteligencia artificial un gran aliado para abordar problemas ambientales de todo tipo, y resalta la versatilidad de estos modelos para combatir el cambio climático por distintos frentes: «Esto puede ser a gran escala, como el monitoreo satelital de emisiones globales; o en una escala mucho más pequeña, como una casa inteligente que apaga las luces o la calefacción de manera automática a una hora determinada» (UN Environment Program, 2022).

La OCDE respalda este punto de vista al destacar que la inteligencia artificial puede ser un activo importante en la lucha contra el cambio climático y puede contribuir significativamente a los Objetivos de Desarrollo Sostenible (2022). En conjunto, estos testimonios y estudios subrayan el potencial transformador de la IA en la acción climática y el desarrollo sostenible, abriendo la puerta a un futuro donde la tecnología y la protección del medio ambiente trabajen de la mano.

La Unión Europea, por su parte, también se suma a esta perspectiva al enfocarse en prácticas de IA responsables que apoyen el cumplimiento del *European Green Deal*, un acuerdo que se aprobó en el 2020 y que consiste en una serie de políticas que buscan que la Unión Europea llegue al cero neto[2] de emisiones de dióxido de carbono para el 2050. La Unión Europea (Gailhofer *et al*, 2021) reconoce que la IA puede proporcionar información vital para la toma de decisiones y la gestión de políticas ambientales, y subraya su capacidad para fomentar un comportamiento más sostenible tanto para consumidores como empresas.

No obstante, la IA también ha generado importantes alertas entre la comunidad ambientalista, pues al requerir un procesamiento de datos inmenso, tiene un gasto energético muy elevado. Según Annette Ekin (2019), el ecosistema de las tecnologías de la información y las comunicaciones tiene un impacto ambiental comparable al de la industria de la aviación en términos de emisiones de carbono, asimismo, entrenar una IA puede llegar a contaminar lo mismo que un carro en todo un año. Incluso, el investigador sueco Anders Andrae, estima que para el 2025 las centrales de procesamiento de datos van a representar el 10 % del consumo eléctrico en el planeta (Ekin, 2019). Uno de los retos que hay en la industria de la inteligencia artificial es monitorear y ver cómo disminuir ese consumo.

---

2 Cero neto de emisiones: un estado donde las emisiones de dióxido de carbono de origen humano se balancean con una extracción de este de la atmósfera.

En adición a lo anterior, existen casos en los que la inteligencia artificial está involucrada en toma de decisiones de gran impacto ambiental que no necesariamente están hechas para favorecer el medioambiente, o están sesgadas sin saberlo para contemplar otros factores como ganancias inmediatas de una empresa o gasto económico inmediato. Por esta razón, también es importante monitorear los usos de la IA que tengan un impacto directo o indirecto en el medio ambiente y en los efectos que están produciendo.

La OCDE (2022) resalta la importancia de considerar esos dos factores, tanto el gasto energético de la IA, como su impacto ambiental, sea este positivo o negativo. Reconocen que la inteligencia artificial es una herramienta valiosa en la gestión climática, sin embargo, instan a evaluar la huella energética que genera y a identificar la manera en que se puedan usar estos modelos sin hacerle daño al medio ambiente.

Así las cosas, existe un panorama ambiguo en lo que respecta a la inteligencia artificial y el medioambiente. De una parte, está el inmenso potencial de ayuda y de soluciones técnicas que ofrece y de otra, la gran cantidad de gasto energético computacional que genera y el impacto negativo que puede tener. En este capítulo se analizarán ventajas y desventajas y se presentarán algunas soluciones ya aplicadas. También se expondrán los usos de la IA en gestión ambiental, casos de éxito en la implementación de estos algoritmos, riesgos ambientales de la IA, y las consideraciones éticas y recomendaciones generales que se deben tener en cuenta para mitigar el gasto energético y tener prácticas de IA responsables con el planeta.

Aplicaciones de IA en la gestión ambiental

La irrupción de la IA en la gestión de la crisis ambiental ha marcado un hito fundamental en nuestra lucha por la sostenibilidad y la conservación del entorno natural, pues es una tecnología que redefine la manera en la que interactuamos con el mundo que nos rodea y se ha convertido en un aliado poderoso y estratégico en la búsqueda de soluciones concretas y efectivas ante los desafíos medioambientales.

Uno de los logros de la inteligencia artificial en el contexto medioambiental, es la habilidad para optimizar el consumo de energía y reducir el gasto. Un ejemplo de lo anterior es la gestión de redes eléctricas inteligentes, donde la IA analiza y procesa datos en tiempo real. De esta manera, puede decidir cómo distribuir la energía en una red eléctrica para enviar solo la que es necesaria en cada una de sus partes, evitando su gasto en redes eléctricas complejas con una eficiencia que jamás se ha logrado con mano de obra humana.

De esta forma, la IA disminuye la cantidad de energía basada en combustibles fósiles que se consume y reduce y también las emisiones de gases de efecto invernadero que ellos generan. Incluso, con un mejor manejo de las redes energéticas se puede dar también, un mejor uso a las fuentes más limpias y sostenibles, como la solar o la eólica, que no producen energía con la misma facilidad que las energías fósiles, pero que con un uso más eficaz pueden tener un lugar preponderante en la generación de energía. La IA se convierte así en un pilar fundamental en la mitigación del cambio climático, impulsando la adopción de prácticas energéticas más responsables y respetuosas con el planeta.

Por otro lado, se ha demostrado que la inteligencia artificial promueve prácticas de manejo de recursos naturales que buscan la sostenibilidad y la conservación de los ecosistemas en la gestión forestal. Con la recopilación y análisis de datos provenientes de satélites y sistemas de monitoreo terrestre se logra proporcionar información precisa y oportuna para que la IA contribuya a la preservación de los bosques, la protección de la biodiversidad, la reducción de la contaminación ambiental a través del uso de algoritmos que detectan actividades o situaciones que ponen en riesgo nuestros ecosistemas y permiten diseñar cursos de acción para enfrentar estas problemáticas. Esta capacidad de vigilancia constante y eficaz se traducirá en una mayor responsabilidad en la gestión de los recursos forestales, garantizando su perdurabilidad para las generaciones futuras.

En lo relacionado con la conservación de la biodiversidad, la inteligencia artificial contribuye a prevenir la extinción de especies en riesgo mediante la identificación de patrones y comportamientos de poblaciones animales, monitorea la salud de los ecosistemas y puede encontrar datos importantes para la toma de decisiones en la gestión de áreas protegidas y recursos naturales.

En el sector agrícola, por su parte, la IA ofrece un amplio espectro de aplicaciones con un impacto significativo. Desde el monitoreo de la calidad de los suelos y las semillas hasta la aplicación precisa de fertilizantes y pesticidas. Es importante destacar los proyectos que está ejecutando el Ministerio de Agricultura de Colombia, dado que ha incluido herramientas de IA para mejorar la toma de decisiones en materia de producción y evitar así la pérdida de cultivos. Hacen parte de estas herramientas, el fortalecimiento de un banco de germoplasma que permitirá el desarrollo de nuevas variedades agrícolas resistentes al clima y el monitoreo de cultivos en la frontera agrícola de forma continua, precisa y actualizada a través del uso y análisis de diversos algoritmos.

Por otra parte, en los últimos años el uso de la inteligencia artificial ha sido clave para detectar plagas y enfermedades de manera temprana, lo que aumenta la productividad de los cultivos y reduce la necesidad de productos químicos dañinos para el medio ambiente.

Otro ámbito que se ve potenciado gracias al uso de la inteligencia artificial es el del transporte. La IA optimiza rutas y reduce el consumo de combustible, lo que se traduce en una disminución de las emisiones de gases contaminantes, que puede contribuir de manera significativa en la mejora de la calidad del aire, especialmente en entornos urbanos. Esta tecnología juega un rol fundamental en la mitigación de la contaminación atmosférica y en el fomento de sistemas de transporte más limpios y eficientes.

La IA también es importante para la vigilancia y predicción de cambios ambientales. Al procesar grandes volúmenes de datos, ayuda a entender y anticipar emergencias climáticas y desastres naturales, lo que es esencial para la gestión de crisis y la adaptación al cambio climático. Esta capacidad de análisis y predicción se ha convertido en una herramienta invaluable para los científicos y responsables de políticas ambientales, puede analizar patrones climáticos a lo largo del tiempo y proporcionar pronósticos más precisos sobre eventos climáticos extremos, como huracanes, sequías e inundaciones. En últimas, permite que diferentes comunidades tomen medidas preventivas y minimicen sus impactos devastadores.

Además de su papel en la predicción de desastres naturales, la inteligencia artificial desempeña un papel crucial en el monitoreo continuo del cambio climático. La recopilación y análisis de datos climáticos a gran escala se ha vuelto más eficiente gracias a algoritmos de aprendizaje automático que pueden identificar tendencias a largo plazo y evaluar la evolución de variables climáticas tan importantes como la temperatura global, la concentración de gases de efecto invernadero y la pérdida de hielo en los polos. Esta información es esencial para comprender la magnitud del cambio climático y desarrollar estrategias efectivas para mitigar sus efectos. La IA también facilita la integración de datos de sensores remotos y satélites, lo que proporciona una imagen más completa y actualizada de la salud de nuestro planeta y contribuye a la toma de decisiones informadas en la lucha contra el cambio climático.

En definitiva, la inteligencia artificial se erige como una herramienta invaluable para medir y evaluar el impacto ambiental de las actividades humanas. Con la creación de redes de datos complejas que pueden interrelacionar diferentes aspectos de las actividades humanas, la IA puede medir con una efectividad sin precedentes el impacto que las actividades y decisiones de los individuos y de los sectores público y privado tienen en el medio ambiente.

Casos de éxito en proyectos de ecoalgoritmos

La IA y los llamados *eco-algoritmos* han sido de gran ayuda para enfrentar problemáticas ambientales y han suscitado varios casos de éxito en materia de gestión ambiental gracias a su eficacia y capacidad computacional, como:

1. **La World Environment Situation Room (WESR) (2019):** Este proyecto representa un importante avance en la forma en que se recopilan, gestionan y presentan los datos relacionados con el clima y el medio ambiente. Esta plataforma digital, impulsada por la Organización de las Naciones Unidas (ONU), utiliza la IA para recopilar una gran cantidad de datos climáticos en tiempo real de fuentes como satélites, sensores terrestres y modelos climáticos. Lo que hace que esta iniciativa sea particularmente poderosa es su capacidad para compilar, visualizar y presentar estos datos de forma accesible a expertos, científicos, formuladores de políticas y público en general.

Gracias a la inteligencia artificial, la WESR no solo presenta datos en tiempo real, también permite llevar a cabo análisis avanzados y pronósticos precisos, puede predecir los cambios en los niveles de concentración de CO2, los cuales son cruciales para entender y abordar el cambio climático y permite rastrear y pronosticar cambios en las masas de glaciares y el nivel del mar, un factor vital que ayuda a las comunidades costeras en la planificación y adaptación al cambio climático. En resumen, la WESR no solo es una valiosa fuente de información ambiental, también es un recurso que mejora la capacidad de la comunidad global para tomar decisiones informadas sobre el medio ambiente.

2. **El Observatorio Internacional de Emisiones de Metano (IMEO):** Esta es una iniciativa del Programa de las Naciones Unidas para el Medio Ambiente (UNEP) que cambia la forma en que se rastrean las emisiones de metano; uno de los principales gases de efecto invernadero. La plataforma IMEO es una base de datos pública y global que almacena información sobre las emisiones de metano provenientes de diversas fuentes, como la agricultura, la industria energética y la gestión de residuos.

La inteligencia artificial desempeña un papel fundamental en IMEO dado que es la encargada de la interconexión de estos datos con mediciones científicas, políticas y de transparencia. El IMEO no sólo recopila datos, también los contextualiza y los pone a disposición de los responsables de la toma de decisiones en todo el mundo. Asimismo, es esencial en el desarrollo de medidas y políticas efectivas para la reducción de las emisiones de metano.

3. **Aplicación de *machine learning* para gasto público amigable con el medio ambiente:** La implementación del *machine learning* en la gestión del gasto público ha representado para muchos países un avance decisivo en la promoción de prácticas ambientalmente sostenibles y se ha utilizado para analizar una gran cantidad de datos, incluidos indicadores económicos y de gasto público, que permiten prever los impactos ambientales de las decisiones de inversión gubernamental.

Un ejemplo ilustrativo es Zambia, donde se ha usado un modelo que puede predecir cambios en las tasas de deforestación a partir de ciertos indicadores económicos y de gasto público. Este modelo logró predecir el comportamiento de la tala de árboles en el país en el periodo 2007-2021, exceptuando el del año 2019, con tan solo los datos de gasto público de esos años y sin conocer las tasas de deforestación. Modelos parecidos se han implementado con relativo éxito en Haití, las Islas Salomón, la República Democrática del Congo, Liberia y Madagascar. Estas herramientas se han creado con la colaboración de la ONU y no solo están permitiendo a los respectivos países tomar decisiones sobre su gasto público y medidas en contra de la deforestación, sino que le permiten a la misma ONU decidir qué tipo de ayudas económicas son necesarias para cada país.

4. **FAMEWS *mobile app* para el control del cogollero del maíz:** La plaga del gusano cogollero del maíz, más conocido por su nombre en inglés *fall armyworm* (FAW), representa una amenaza seria en muchas regiones del mundo para cultivos de importancia económica como el arroz, el algodón y el maíz. Su detección y control son un desafío debido a la capacidad que tiene para propagarse rápidamente y resistirse a los métodos tradicionales de manejo de plagas.

En respuesta a esta problemática, la Organización de las Naciones Unidas para la Alimentación y la Agricultura (FAO) desarrolló la aplicación móvil *FAMEWS*. Esta aplicación permite a los agricultores recopilar datos sobre sus cultivos en forma de fotos, videos y registros georeferenciados tanto de forma individual, como comunitaria. Luego de recopilar los datos se usa la inteligencia artificial para analizarlos y determinar si la plaga del cogollero del maíz está presente en los cultivos. La IA, además, permite que se proporcionen diagnósticos a diferentes niveles geográficos, no solo de un cultivo, sino de países enteros o regiones completas, lo que permite tomar medidas inmediatas y coordinadas para controlar la plaga. Adicionalmente, esta aplicación es capaz de emitir advertencias tempranas sobre la posible llegada de la plaga, lo cual proporciona a los agricultores y a los actores involucrados en la gestión de plagas prepararse de manera proactiva. La *FAMEWS* fue implementada inicialmente en Madagascar y Zambia, pero para el 2018 la aplicación ya se había expandido a todos los países del África subsahariana, lo que demuestra su éxito e importancia para la seguridad alimentaria en la región.

Estas iniciativas son muestra de cómo la IA está impulsando avances significativos en la recopilación y gestión de datos ambientales, respaldando la toma de decisiones informadas y abordando desafíos ambientales cruciales como el cambio climático, las emisiones de gases de efecto invernadero y la gestión de plagas agrícolas. La colaboración entre la IA, los gobiernos y las organizaciones internacionales, como la ONU, es trascendental en la búsqueda de un futuro más sostenible y equitativo para el planeta.

El hoy de la inteligencia artificial y el medioambiente en Colombia

Colombia ha adoptado la inteligencia artificial como una herramienta clave en la gestión del cambio climático y la promoción de la sostenibilidad medioambiental. El Ministerio de Ambiente y Desarrollo Sostenible ha liderado varios proyectos e iniciativas para aprovechar el potencial de la IA en este contexto.

Como parte de este informe solicitamos a los ministerios de agricultura y al de ambiente y desarrollo sostenible, información que nos permita entender el uso que se le ha dado al tipo de modelos descritos anteriormente cuyo fin último es el de combatir el cambio climático y preservar el medio ambiente. A continuación, compartimos la información obtenida.

Una de las iniciativas más destacadas es la implementación de un proyecto de *data lake*. Este proyecto tiene como objetivo centralizar, almacenar y gestionar eficazmente grandes volúmenes de datos relacionados con el medio ambiente en su formato original y estructurado. Su enfoque permite realizar análisis avanzados, tomar decisiones basadas en evidencia y generar conocimientos profundos, en tanto que sus datos son fundamentales para la formulación, monitoreo y evaluación de políticas públicas orientadas a la conservación, protección y uso sostenible de los recursos naturales y el medio ambiente en general.

Sin embargo, en respuesta a preguntas específicas sobre el uso de la inteligencia artificial en el análisis de datos, modelación de escenarios y predicción de eventos climáticos extremos y desastres naturales, el Ministerio de Ambiente y Desarrollo Sostenible reconoció que actualmente no ha implementado la IA para estas finalidades.

En cuanto al monitoreo de especies invasoras, el Instituto Humboldt ha aplicado tecnologías de *machine learning* para modelar la distribución potencial de especies exóticas invasoras en Colombia. Esto es esencial para prevenir impactos negativos en los ecosistemas y la biodiversidad. La plataforma BioModelos proporciona información sobre la distribución de especies basada en modelos predictivos que utilizan registros de especies y datos climáticos, geológicos y de cobertura. Estos análisis permiten comprender cómo la distribución de las especies responde a escenarios de cambio climático.

Por su parte, según información suministrada por el Ministerio de Agricultura, esta cartera trabaja actualmente en la implementación de

> La agricultura digital y los servicios climáticos para la modernización rural con un énfasis particular en la adaptación y mitigación al cambio climático y la sostenibilidad en sistemas productivos agropecuarios priorizados. Adicional a lo anterior, trabaja en la mejora genética, las técnicas de manejo de cultivos y otras opciones tecnológicas escalables para de esta forma aumentar la resiliencia climática y promover el desarrollo agrícola bajo en carbono (Ministerio de Ambiente, 2023).

Es indudable que se están realizando esfuerzos en la aplicación de inteligencia artificial, sin embargo, es fundamental impulsar con mayor determinación estos desarrollos para combatir los efectos climáticos y aprovechar el enorme campo de acción para la aplicación del *machine learning* para que de esta forma y mediante la IA, se logre posicionar a Colombia como potencia en la región y país pionero en su aplicación para resolver problemáticas ambientales.

Consideraciones éticas y medioambientales

Como hemos explicado anteriormente, la inteligencia artificial ha emergido como una herramienta poderosa y versátil en la lucha contra el cambio climático al ofrecer aplicaciones que han revolucionado nuestra capacidad para abordar los desafíos ambientales, desde la gestión de datos hasta la predicción de eventos climáticos extremos y la optimización de sistemas de energía renovable.

No obstante, como con cualquier avance tecnológico, no podemos pasar por alto las preocupaciones y efectos adversos que surgen en este contexto. A medida que la IA se convierte en una parte integral de nuestra respuesta al cambio climático, se hacen evidentes una serie de cuestiones éticas y ambientales que demandan nuestra atención, las cuales analizaremos a continuación.

Consumo energético y procesamiento de datos

El consumo de energía en la formación y funcionamiento de algoritmos de inteligencia artificial es un desafío que comprende dos etapas: entrenamiento y operación. En primer lugar, el proceso de entrenamiento de algoritmos de IA es intensivo en términos computacionales y requiere el uso de una cantidad masiva de datos y un gran poder de procesamiento. Enseñar a una IA a reconocer objetos en imágenes o a comprender el lenguaje implica realizar un alto número de operaciones matemáticas para ajustar los parámetros del modelo hasta que sea capaz de realizar tareas específicas con precisión. Esta etapa de entrenamiento puede tomar días, semanas o incluso meses, y durante todo ese tiempo, la computadora requiere una fuente constante de energía para funcionar.

Este consumo de energía en la operación de los algoritmos de IA es algo que no vemos, pero a lo que contribuimos todos los días. A menudo, los algoritmos de IA se ejecutan en servidores ubicados en centros de datos remotos. Por ejemplo, cuando utilizamos aplicaciones como *YouTube*, *Netflix*, *Waze*, *Google Maps* o redes sociales los servidores que ejecutan algoritmos para recomendarnos contenido, optimizar rutas o personalizar nuestra experiencia requieren una gran cantidad de energía eléctrica para responder a nuestras solicitudes en tiempo real, pero no somos conscientes de que al mirar un video en línea o usar una aplicación de navegación, se está generando una carga energética en centros de datos remotos, y tampoco pensamos en que esta energía, en muchos casos, no proviene de fuentes sostenibles.

Para abordar esta problemática es necesario aplicar un enfoque multidimensional que incluya soluciones tecnológicas y prácticas ecoamigables. En primer lugar, la comunidad científica y las empresas deben priorizar el desarrollo de algoritmos de IA eficientes en energía y con bajo impacto ambiental. Es decir, hay que invertir en la investigación sobre IA sostenible para reducir la dependencia de datos. Estos algoritmos pueden minimizar la carga de procesamiento y, por lo tanto, reducir el consumo de energía durante la formación y operación de modelos de IA.

Además, es fundamental promover la transición hacia *green data centers*, centros de datos que se diseñan y operan de manera sostenible. Estos centros utilizan fuentes de energía renovable, materiales con una huella de carbono mínima y estrategias de reciclaje para abordar los desechos electrónicos, además de usar la IA con algoritmos de gestión de energía inteligente y estrategias de optimización de recursos que contribuyen significativamente a la eficiencia operativa de los centros de datos. Estas medidas en conjunto representan una estrategia integral para abordar el desafío energético de la IA y garantizar que esta tecnología continúe siendo una aliada valiosa en la lucha contra el cambio climático.

Automatización y consumo excesivo

La automatización impulsada por la IA, particularmente en el comercio electrónico, presenta desafíos éticos significativos relacionados con el consumo excesivo y el desperdicio. Los algoritmos de recomendación, diseñados para aumentar las ventas, pueden influir en las decisiones de compra de manera que fomenten el consumo impulsivo y la adquisición de productos innecesarios. Esto plantea cuestiones éticas sobre la responsabilidad de las empresas y los desarrolladores de IA. Debemos pensar en diseñar algoritmos de recomendación que respeten los valores de la sostenibilidad y promuevan prácticas de consumo responsables. Esto podría incluir advertencias basadas en la durabilidad de los productos, su huella de carbono o su impacto ambiental general.

Monocultivos y pérdida de biodiversidad:

Si se utilizan modelos que no prioricen el medioambiente, sino la ganancia y el rendimiento inmediato en los cultivos, la IA puede tener un impacto negativo en la agricultura al favorecer prácticas intensivas que promueven los monocultivos[3] en detrimento de la diversidad y la salud del ecosistema. Esto plantea desafíos éticos relacionados con la conservación de la biodiversidad y la seguridad alimentaria a largo plazo. Es vital encontrar un equilibrio entre la maximización de los rendimientos y la protección del medio ambiente. Es decir, implementar exclusivamente sistemas

---

[3] Monocultivos: grandes campos sembrados con un único cultivo. Esta forma de agricultura suele tener serias consecuencias que deterioran el estado de la tierra y, después de un tiempo la dejan sin nutrientes, lo que puede terminar afectando también a territorios circundantes.

de IA que valoren y fomenten la diversidad de cultivos, considerando la resistencia a plagas, la restauración del suelo y la sostenibilidad ambiental.

Gestión de desechos electrónicos

Los desechos electrónicos generados por la rápida evolución de la IA se constituyen en un desafío, dado que a medida que los dispositivos electrónicos utilizados en la IA se vuelven obsoletos, se convierten en residuos que a menudo contienen materiales tóxicos y son difíciles de reciclar adecuadamente. Por esta razón, es esencial abogar por la fabricación de dispositivos electrónicos más duraderos, fácilmente reparables, actualizables y que puedan seguir usándose a medida que la tecnología avanza. Además, se deben promover prácticas de reciclaje responsables y la reutilización de componentes electrónicos para reducir la cantidad de desechos que terminan en vertederos o se manejan de manera inadecuada.

Conclusión: Un futuro sostenible para Colombia con la inteligencia artificial

Durante este capítulo se han analizado los puntos en común entre la inteligencia artificial y el medio ambiente y hemos llegado a la conclusión de que el uso responsable de la IA es esencial para promover un futuro más sostenible en Colombia. En un mundo en el que la tecnología desempeña un papel predominante, debemos considerar cómo la IA puede ser una poderosa herramienta para la conservación de nuestro entorno natural.

Es crucial reconocer que la IA puede tener efectos positivos y negativos en el medioambiente. Para abordar los impactos negativos es esencial tomar medidas concretas a fin de mitigar los riesgos ambientales asociados con el desarrollo y la implementación de la inteligencia artificial. Esto incluye la gestión adecuada de los recursos energéticos y materiales utilizados en la creación de *hardware* y *software* de IA, así como la consideración de las implicaciones ecológicas de los grandes conjuntos de datos y la computación a gran escala requerida para el aprendizaje automático.

Sin embargo, no debemos centrarnos exclusivamente en los aspectos negativos. La IA tiene un inmenso potencial para contribuir a un futuro más sostenible en Colombia y en el mundo si se utiliza de manera consciente con relación al impacto ambiental que genera. Podemos utilizar la IA para optimizar la gestión de recursos naturales, prevenir la deforestación, pronosticar desastres naturales y mejorar la eficiencia energética, entre muchas otras aplicaciones. Al adoptar una perspectiva de desarrollo sostenible podemos aprovechar la IA como una sólida herramienta para enfrentar los desafíos ecológicos.

Es importante destacar que el éxito en la integración de la IA y la sostenibilidad en Colombia no dependerá únicamente de expertos en tecnología, la colaboración interdisciplinaria es clave. Se necesitan profesionales capaces de construir puentes entre la tecnología y las problemáticas ambientales que identifiquen oportunidades para aplicarla de manera innovadora y creativa.

También es primordial la implementación de un marco legal sólido y específico. Los gobiernos venideros, tanto en el país, como en la región, deben entender que las regulaciones no solo sirven como guía, sino que también establecen un firme compromiso con la responsabilidad ambiental en su desarrollo y uso.

Estas normativas pueden abordar una amplia gama de cuestiones éticas y medioambientales, desde la eficiencia energética de los sistemas de IA hasta la gestión adecuada de los desechos electrónicos derivados de la obsolescencia tecnológica. Además, el marco legal puede promover prácticas sostenibles en la construcción y operación de centros de datos. Al establecer estándares claros y responsabilidades legales se garantiza que la IA se desarrolle y utilice en Colombia de manera que maximice sus beneficios y minimice sus impactos negativos en el medio ambiente.

De otra parte, los legisladores del país no deben perder de vista la importancia de fomentar el crecimiento del sector de la IA en Colombia, para que los esfuerzos legislativos fomenten un mercado fructífero del sector en lugar de bloquearlo e inducir que migre a otros países.

En última instancia, debemos subrayar la importancia de desarrollar la inteligencia artificial en Colombia con una conciencia social arraigada y un compromiso genuino con el bienestar de todos los colombianos. La conciencia ambiental debe estar intrínsecamente vinculada a cada etapa del ciclo de vida de la IA; desde la concepción de modelos hasta su implementación y uso en la sociedad. Solo a través de una persistente conciencia ambiental y de una voluntad decidida para contribuir de forma positiva al medio ambiente, podemos asegurar que la inteligencia artificial se convierta en ese aliado en la búsqueda de un futuro más sostenible para Colombia y para el bienestar global.

Referencias

Cressman, K. (2018). *FAMEWS–Fall Armyworm Monitoring and Early Warning System.* Food and Agriculture Organization of the United Nations. https://www.fao.org/3/CA1089EN/ca1089en.pdf.

Ekin, A. (2019). *AI can help us fight climate change. But it has an energy problem, too.* European Commission. https://ec.europa.eu/research-and-innovation/en/horizon-magazine/ai-can-help-us-fight-climate-change-it-has-energy-problem-too.

Gailhofer, P., Herold, A., Schemmel, J. P., Scherf, C. S., Urrutia, C., Köhler, A. R., & Braungardt, S. (2021). *The Role of Artificial Intelligence in the European Green Deal.* European Parliament. https://www.europarl.europa.eu/RegData/etudes/STUD/2021/662906/IPOL_STU(2021)662906_EN.pdf.

Kirvan, P. (2022). *Green Data Center.* TechTarget. https://www.techtarget.com/searchdatacenter/definition/green-data-center.

Lenniy, D. (2023). *AI in Agriculture-The Future of Farming.* Intelias. https://intellias.com/artificial-intelligence-in-agriculture/.

Li, R. (2023). *The Environmental Impact of AI.* GRC Insights. https://insights.grcglobalgroup.com/the-environmental-impact-of-ai/#:~:text=AI%20has%20the%20potential%20to,the%20depletion%20of%20natural%20resources.

Maia, R., Sharma, H., & Hopp, D. (2021). *Using Machine Learning to Make Government Spending Greener.* Green Fiscal Policy Network. https://greenfiscalpolicy.org/blog/using-machine-learning-to-make-government-spending-greener/.

OECD & GPAI. (2022). Measuring The Environmental Impacts of Artificial Intelligence Compute and Applications: The AI Footprint. *OECD Digital Economy Papers,* 341, https://www.oecd.org/publications/measuring-the-environmental-impacts-of-artificial-intelligence-compute-and-applications-7babf571-en.htm.

UN Environment Programme. (2022). *How artificial intelligence is helping tackle environmental challenges.* https://www.unep.org/news-and-stories/story/how-artificial-intelligence-helping-tackle-environmental-challenges.

Capítulo 5.

Hacia un Gobierno digital: la revolución de la IA en la administración pública

La transformación de la administración gubernamental debe estar enfocada en buscar formas más efectivas y eficientes de servir a la ciudadanía y en tomar decisiones que impacten a la sociedad en su conjunto. En este contexto, la inteligencia artificial ha emergido como una sólida herramienta con un potencial transformador sin precedentes. A medida que los gobiernos enfrentan desafíos más complejos y crece la demanda de servicios públicos de calidad, la integración responsable de la IA en la gestión pública se ha convertido en un tema prometedor.

En este capítulo se explorará a profundidad el panorama y beneficios de la IA en los gobiernos, que van desde la eficiencia en la toma de decisiones hasta la mejora de los servicios públicos y la gestión de recursos naturales. Así mismo, se examinarán los desafíos éticos y prácticos que esta transformación plantea, sus posibles sesgos y riesgos en la privacidad, así como las cuestiones de seguridad cibernética y el impacto en el empleo.

La utilización de la IA en la administración gubernamental no solo promete agilizar la toma de decisiones informadas sobre políticas públicas y mejorar la seguridad nacional, sino que también puede revolucionar la forma en la que los ciudadanos interactúan con sus gobiernos a través del Gobierno digital. Este término se refiere al conjunto de canales y servicios que operan y se diseñan utilizando tecnología y datos digitales para optimizar al máximo los servicios estatales, facilitando así la vida de los ciudadanos y mejorando la eficiencia del Gobierno en general (Gartner, s.f.)

Sin embargo, para aprovechar plenamente estos beneficios, es vital abordar los desafíos éticos y sociales que surgen con la adopción de la IA en el ámbito gubernamental. Esto incluye la necesidad de garantizar la equidad en la toma de decisiones automatizadas, proteger la privacidad de los datos de los ciudadanos y asegurar la transparencia en un entorno en el que los algoritmos de IA a menudo operan como cajas negras.

A lo largo de este capítulo, también se explorarán ejemplos acerca de cómo diferentes países han implementado la IA de manera exitosa en la administración gubernamental, desde la optimización de trámites burocráticos hasta la predicción de epidemias. Estos casos proporcionan ejemplos tangibles de los beneficios que la inteligencia artificial puede ofrecer cuando se implementa de manera efectiva y ética en el Gobierno.

Para abordar estos temas se destacarán las mejores prácticas y enfoques recomendados como la colaboración interdisciplinaria, auditorías constantes de IA y la implementación de marcos legales y regulatorios sólidos. En este penúltimo capítulo haremos énfasis en la necesidad de implementar la IA a nuestro diario vivir con un enfoque colaborativo, con la ética y la responsabilidad como ejes principales.

Beneficios de la IA en los gobiernos

La implementación responsable de la inteligencia artificial en los gobiernos ha demostrado ofrecer beneficios que tienen un impacto directo en la eficacia de la administración pública y la calidad de vida de los ciudadanos. Estas son cuatro áreas fundamentales en las que la IA está impulsando la transformación de la gestión gubernamental.

1. **Eficiencia en la toma de decisiones:** Los algoritmos de inteligencia artificial son capaces de analizar volúmenes masivos de datos en tiempo real proporcionando a los líderes gubernamentales información valiosa para la toma de decisiones informadas. Esto permite agilizar la elaboración de políticas públicas, la gestión de la seguridad nacional y la respuesta a situaciones de crisis. Los datos procesados por la IA pueden ofrecer *insights* que de otra manera podrían pasar desapercibidos, ayudando a los gobiernos a tomar decisiones basadas en evidencia y a anticiparse a desafíos emergentes.

2. **Predicción y prevención de delitos:** La inteligencia artificial es un aliado invaluable en la lucha contra la delincuencia. Los algoritmos pueden analizar patrones delictivos históricos y actuales, lo que permite a las fuerzas del orden anticipar y prevenir actividades delictivas. Al prever dónde y cuándo pueden ocurrir delitos, se pueden asignar de manera más eficiente los recursos policiales, mejorando la seguridad pública y reduciendo la criminalidad. Esta capacidad de anticipación es particularmente valiosa en la prevención del crimen en comunidades vulnerables.

3. **Gestión de recursos:** La inteligencia artificial se ha convertido en un aliado en la gestión eficiente de recursos gubernamentales, incluyendo recursos naturales, infraestructura y energía. Sus modelos pueden analizar datos históricos y actuales para predecir patrones de consumo optimizando la distribución de recursos escasos. En el

caso de recursos naturales como el agua y la energía, la IA puede contribuir a una gestión más sostenible y eficiente, lo que es esencial en un mundo con desafíos cada vez mayores en términos de escasez de recursos.

4. **Mejora de los servicios públicos:** La inteligencia artificial desempeña un papel determinante en el Gobierno digital, que consiste en la utilización de tecnología y datos digitales para optimizar la prestación de servicios estatales. Con esto se facilita la automatización de tareas administrativas y operativas, lo cual agiliza procesos y reduce la burocracia. Como resultado, los servicios públicos, la atención médica, la educación y la asistencia social se vuelven más eficientes y accesibles para un número mayor de ciudadanos. Los sistemas de IA pueden proporcionar respuestas inmediatas a preguntas comunes, brindar orientación personalizada y simplificar trámites que solían requerir largos procesos presenciales. En conjunto, estos beneficios de la IA en la administración gubernamental mejoran significativamente la calidad de vida de los ciudadanos, aumentan la eficiencia de los gobiernos y crean un entorno más seguro y sostenible.

Gobierno digital y transformación administrativa

El Gobierno digital, en su esencia, se refiere a la transformación de los procesos gubernamentales y la prestación de servicios públicos mediante el uso estratégico de la tecnología digital y los datos (Gartner, s.f.). En lugar de depender de procesos manuales y de papel, el Gobierno digital aprovecha las plataformas en línea, la automatización, la inteligencia artificial y otras herramientas tecnológicas para mejorar la eficiencia y la accesibilidad de los servicios gubernamentales.

Es un enfoque que busca que la interacción entre el gobierno y los ciudadanos sea más ágil, transparente y centrada en el usuario, al tiempo que facilita el acceso a la información y la participación ciudadana en la toma de decisiones. El Gobierno digital no solo simplifica la vida de los ciudadanos al reducir la burocracia, también fomenta una administración pública más eficiente y efectiva.

La convergencia entre el Gobierno digital y la IA ha desatado una serie de cambios profundos y positivos en la administración gubernamental. Este dúo tecnológico se ha convertido en un catalizador para una gestión pública más eficaz centrada en los ciudadanos y orientada hacia el futuro. A continuación, examinaremos los elementos que definen esta transformación y cómo están influyendo en la manera en que los gobiernos interactúan con sus ciudadanos y gestionan los asuntos públicos:

1. **Interacción ciudadana mejorada:** El Gobierno digital está democratizando la forma en que los ciudadanos interactúan con las instituciones gubernamentales. Las plataformas digitales permiten a los ciudadanos acceder a servicios y realizar trámites en línea, simplificando en gran medida su participación en los procesos. Ya no es necesario enfrentar largas colas o trámites burocráticos engorrosos, en su lugar, los ciudadanos pueden realizar gestiones desde la comodidad de sus hogares o dispositivos móviles. Esto no solo ahorra tiempo y esfuerzo, también fomenta una mayor participación ciudadana al hacer que los servicios gubernamentales sean más accesibles y eficientes.

2. **Automatización eficiente:** Uno de los aspectos más destacados de la IA en el Gobierno digital es su capacidad para automatizar tareas repetitivas y procesos administrativos. La IA puede hacerse cargo de actividades que anteriormente requerían una inversión significativa de tiempo y recursos humanos. Esta automatización libera a los funcionarios gubernamentales para que puedan enfocarse en tareas estratégicas y significativas. La eficiencia operativa se incrementa y los servicios públicos se prestan de manera efectiva, lo que a su vez genera ahorro de costos y recursos que pueden ser reinvertidos en áreas de mayor impacto.

3. **Personalización de servicios:** Los sistemas de inteligencia artificial pueden adaptarse a las necesidades individuales de los ciudadanos para brindar una experiencia centrada en el usuario. Por ejemplo, en la atención médica, la IA puede analizar datos de salud y antecedentes médicos para ofrecer recomendaciones y tratamientos personalizados. En la educación, los sistemas de IA pueden adaptar el contenido del curso según el nivel de habilidad y el ritmo de aprendizaje de cada estudiante. Esta personalización mejora la experiencia del usuario y aumenta la eficacia de los servicios gubernamentales al abordar las necesidades específicas de cada ciudadano.

4. **Transparencia y acceso a la información:** Además de brindar servicios en línea, el Gobierno digital ofrece acceso transparente a la información gubernamental, es así como las plataformas digitales permiten a los ciudadanos acceder a documentos gubernamentales, registros públicos y datos relevantes de manera rápida y sencilla. Este hecho fomenta la rendición de cuentas y la confianza ciudada-

na, ya que las personas pueden supervisar las acciones del Gobierno y participar activamente en la toma de decisiones. La transparencia promueve una administración ética y responsable, lo que es esencial en una sociedad democrática.

5. **Desafíos de equidad y privacidad:** Si bien son significativos los beneficios que genera un gobierno digital respaldado por la inteligencia artificial, también existen desafíos que deben abordarse con responsabilidad, como abordar la brecha digital para garantizar que todos los ciudadanos tengan acceso a tales beneficios. Asimismo, es importante implementar medidas sólidas para proteger la privacidad de los datos y garantizar la seguridad cibernética. La protección de los datos personales es una prioridad en entornos donde la información sensible se comparte y se almacena en plataformas digitales. La equidad y la privacidad son fundamentales para asegurar que el Gobierno digital sea inclusivo y respetuoso de los derechos individuales.

En resumen, la combinación del Gobierno digital y la inteligencia artificial promete una administración gubernamental más ágil, receptiva y centrada en el ciudadano. Sin embargo, para lograr una implementación exitosa y responsable, es esencial abordar tanto los beneficios como los desafíos planteados por esta transformación tecnológica. La gestión pública está en una encrucijada, y la adopción responsable de estas tecnologías será fundamental para dar forma a un futuro gubernamental más efectivo y centrado en las necesidades de la sociedad.

Beneficios tangibles de la IA en la administración gubernamental

La adopción de la inteligencia artificial en la administración gubernamental ha tenido un impacto positivo con relación a la eficiencia y la efectividad de los servicios públicos. A continuación, se presentan algunos ejemplos acerca de cómo la IA ha generado mejoras significativas en la gobernabilidad de varios países:

1. **Optimización de trámites burocráticos en Estonia:** El gobierno de Estonia ha sido pionero en la implementación de soluciones de Gobierno digital. Uno de sus logros más notables es el programa *e-Residency*, el cual permite a ciudadanos de todo el mundo acceder a servicios gubernamentales en línea de manera eficiente, así como la posibilidad de crear empresas y presentar impuestos de forma digital. Esta iniciativa ha simplificado en gran medida los procesos administrativos reduciendo la carga burocrática, tanto para los ciu-

dadanos de Estonia, como para aquellos que buscan interactuar con el gobierno estonio desde el extranjero. La IA ha desempeñado un papel fundamental en la automatización de estos procesos y en la gestión eficiente de la información.

2. **Mejora de la asistencia al ciudadano en Finlandia:** Para brindar asistencia a los ciudadanos en temas relacionados con procesos de inmigración, el gobierno finlandés implementó un *chatbot* llamado Kamu, el cual puede responder preguntas, ofrecer recomendaciones y guiar a los ciudadanos a través de los procesos de aplicación. Esta herramienta proporciona respuestas rápidas y precisas a preguntas comunes y libera a los funcionarios gubernamentales de tareas rutinarias. En este caso, la inteligencia artificial se utiliza para aliviar la carga de trabajo administrativa y mejorar la experiencia del usuario al ofrecer asistencia instantánea y personalizada.
3. **Predicción de epidemias y salud pública en Singapur:** Singapur ha utilizado la inteligencia artificial para rastrear brotes de enfermedades y predecir la propagación del dengue, lo que ha permitido una respuesta más eficiente y focalizada en salud pública. Los algoritmos de IA pueden analizar datos en tiempo real para identificar áreas de riesgo y proporcionar información crítica a las autoridades de salud. Esta capacidad de anticipación es invaluable para controlar la propagación de enfermedades y garantizar una respuesta oportuna, lo que tiene un impacto directo en la salud y la seguridad de la población.
4. **Gestión de recursos naturales en Australia:** Australia ha empleado algoritmos de inteligencia artificial para analizar datos climáticos y predecir sequías, lo que ha contribuido a una gestión más sostenible del agua. La IA puede analizar patrones climáticos y datos de consumo para anticipar y mitigar los efectos de las sequías. Esta aplicación no solo tiene beneficios ambientales al promover el uso responsable de los recursos naturales, también tiene un impacto en la seguridad alimentaria y en la economía, al garantizar un suministro constante de agua para la agricultura y otros sectores críticos.

Estos ejemplos ilustran cómo la IA se ha convertido en una herramienta invaluable para mejorar la gobernabilidad: optimiza los procesos gubernamentales, mejora la asistencia al ciudadano, fortalece la salud pública y gestiona de manera más eficiente los recursos naturales. La IA no solo aporta eficiencia, también permite una toma de decisiones informada y respaldada por datos, lo que se traduce en un Gobierno más efectivo y orientado al bienestar de la sociedad.

Desafíos y consideraciones éticas en el uso de IA en los gobiernos

A pesar de los beneficios evidentes que la inteligencia artificial puede aportar a la administración gubernamental, su implementación plantea una serie de consideraciones y desafíos éticos que son fundamentales para garantizar un uso responsable y equitativo, los cuales se detallan a continuación:

1. **Sesgos y discriminación:** Como indicamos en el capítulo sobre discriminación, los algoritmos de IA pueden heredar sesgos presentes en los datos de entrenamiento, lo cual puede conducir a la toma de decisiones discriminatorias, un hecho que preocupa en contextos gubernamentales, ya que las decisiones automatizadas pueden llegar a tener un impacto significativo en la vida de los ciudadanos. Los gobiernos deben realizar auditorías de IA para identificar y corregir estos sesgos, asegurando la equidad en las decisiones automatizadas y garantizando que no se perpetúen prejuicios injustos.
2. **Privacidad y protección de datos:** La recopilación y el uso de datos personales para entrenar algoritmos de IA puede generar preocupación respecto a la privacidad, por lo cual es importante que los gobiernos establezcan medidas sólidas para proteger los datos de los ciudadanos, cumpliendo con regulaciones como el Reglamento General de Protección de Datos (RGPD) de la Unión Europea. La transparencia en la recopilación y el uso de datos es fundamental para ganar la confianza de los ciudadanos y garantizar que sus derechos sean respetados.
3. **Transparencia y explicabilidad:** A menudo, los sistemas de inteligencia artificial operan como cajas negras, lo que dificulta comprender cómo llegan a ciertas decisiones. Esto plantea desafíos en términos de responsabilidad y rendición de cuentas. Es fundamental que los gobiernos elijan algoritmos que sean interpretables y desarrollen métodos para explicar las decisiones tomadas por la IA. La capacidad de los ciudadanos para comprender y cuestionar las decisiones de la inteligencia artificial es esencial para una gobernabilidad democrática.
4. **Impacto en el empleo:** Aunque la IA puede mejorar la eficiencia, también puede desplazar trabajos en ciertos sectores. Los gobiernos deben considerar programas de reentrenamiento y reconversión laboral para mitigar el impacto en los trabajadores afectados. Garantizar que la transición a una economía impulsada por la inteligencia artificial sea justa y equitativa es una consideración ética fundamental.

5. **Seguridad cibernética:** Depender de la tecnología de la inteligencia artificial aumenta la exposición a ciberataques. Los gobiernos están en la tarea de implementar medidas de seguridad cibernética robustas para proteger los sistemas y datos sensibles. La seguridad de los sistemas de inteligencia artificial es esencial para prevenir la intrusión y la manipulación no autorizada de datos y decisiones.
6. **Rendición de cuentas y responsabilidad:** La automatización de decisiones puede convertirse en un problema en los casos en que se atribuye la responsabilidad luego de haberse cometido un error. Los gobiernos deben establecer marcos legales y regulaciones que definan la responsabilidad en casos de decisiones incorrectas tomadas por sistemas de IA. La claridad en la rendición de cuentas es indispensable para garantizar decisiones justas y responsables.
7. **Equidad en el acceso:** Se debe garantizar que todos los ciudadanos tengan igualdad de acceso a los beneficios de la inteligencia artificial y al gobierno digital. Abordar la brecha digital es esencial para no dejar atrás grupos marginados o tecnológicamente menos capacitados. La equidad en el acceso es un imperativo ético para garantizar que los beneficios de la tecnología sean ampliamente distribuidos.
8. **Colaboración interdisciplinaria:** Los desafíos éticos de la IA no son fáciles y requieren la colaboración de expertos en ética, tecnología, y políticas públicas, entre otros. Los gobiernos tienen la responsabilidad de fomentar equipos multidisciplinarios para garantizar una implementación responsable. La voz de múltiples perspectivas es esencial para tomar decisiones informadas y éticas.
9. **Evaluación y actualización constante:** Los sistemas de inteligencia artificial evolucionan rápidamente, por esta razón los gobiernos deben realizar evaluaciones y ajustes regulares para asegurarse de que sigan cumpliendo con los objetivos establecidos y con los estándares éticos. La adaptabilidad y la mejora continua son esenciales para mantener la integridad ética de los sistemas de IA.
10. **Riesgos que dependen de terceros:** Es fundamental que los gobiernos tengan la certeza de que sus proveedores y socios siguen los lineamientos y medidas para mitigar riesgos conforme lo ha establecido el Gobierno. La cadena de suministro de tecnología de la IA debe cumplir con estándares éticos y de seguridad para evitar vulnerabilidades y riesgos no deseados.

El uso de la inteligencia artificial en los gobiernos plantea una serie de desafíos éticos que deben abordarse de manera rigurosa y continua. La adopción responsable de la IA en el Gobierno no solo implica la maximización de los beneficios, sino también la protección de los derechos, la equidad y la transparencia. Solo a través de un enfoque ético sólido se puede garantizar que la IA beneficie a la sociedad en su conjunto y promueva una administración pública que sea eficiente, justa y centrada en el ciudadano. La toma de decisiones informadas, la colaboración interdisciplinaria y la constante evaluación y mejora de los sistemas de IA son elementos clave para asegurar que esta tecnología se utilice de manera ética y responsable.

Mejores prácticas para un uso responsable de la inteligencia artificial en los gobiernos

Para garantizar un uso responsable y ético de la inteligencia artificial en los gobiernos, es importante tener en cuenta:

1. **Colaboración interdisciplinaria:** Los gobiernos deben involucrar a expertos en ética, tecnología y políticas públicas para guiar la implementación de la IA de manera responsable. La colaboración interdisciplinaria garantiza una comprensión completa de los desafíos éticos y técnicos, lo que a su vez conduce a decisiones más equitativas y bien fundamentadas.
2. **Auditorías de inteligencia artificial:** Realizar auditorías regulares de los sistemas de IA es esencial para identificar sesgos, prevenir la discriminación y garantizar la equidad en las decisiones automatizadas. Estas auditorías ayudan a identificar y corregir problemas éticos y técnicos antes de que tengan un impacto perjudicial en los ciudadanos.
3. **Educación y alfabetización digital:** Fomentar la comprensión de la inteligencia artificial entre los ciudadanos y los funcionarios gubernamentales es crucial. La educación y la alfabetización digital ayuda a las personas a tomar decisiones informadas sobre el uso de la IA, a comprender su impacto en la sociedad y promover la transparencia y la participación ciudadana en la toma de decisiones.
4. **Marco legal y regulador:** Establecer marcos legales y regulaciones claras es fundamental para abordar el uso ético de la IA, la privacidad de los datos y la responsabilidad en caso de decisiones incorrectas. Los gobiernos deben definir normas claras que rijan la implementación de la IA y aseguren que se respeten los derechos y la equidad.

Conclusión

La implementación de la inteligencia artificial en la administración gubernamental representa una oportunidad única para transformar la manera en que los gobiernos operan y prestan servicios a sus ciudadanos. A medida que los gobiernos de todo el mundo buscan mejorar la eficiencia, la toma de decisiones y la transparencia, la IA se ha convertido en un potente recurso que puede ofrecer soluciones innovadoras. Sin embargo, su adopción conlleva desafíos éticos y técnicos que deben abordarse de manera diligente.

La puesta en marcha de mejores prácticas, como es el caso de la colaboración interdisciplinaria, es fundamental para garantizar que la IA se utilice de manera ética y eficaz, igual sucede con la inclusión de expertos en ética, tecnología y políticas públicas en la toma de decisiones en aras de tener una amplia gama de perspectivas y asegurar que los desafíos éticos se aborden de manera integral.

La realización de auditorías de inteligencia artificial es esencial para identificar y mitigar sesgos y discriminación. La equidad en las decisiones automatizadas es un objetivo crítico y las auditorías son una herramienta indispensable para lograrlo. La educación y la alfabetización digital son componentes imprescindibles para empoderar a los ciudadanos y funcionarios gubernamentales. Comprender la inteligencia artificial y sus implicaciones éticas permite a las personas tomar decisiones informadas sobre su uso y participar de manera activa en la formulación de sus políticas.

Por otra parte, crear un claro marco legal y regulador es decisivo para garantizar el uso ético de la IA. Establecer normas y regulaciones que aborden la privacidad de los datos, la responsabilidad y otros aspectos éticos permitirán mantener la confianza pública y proteger los derechos de los ciudadanos.

En última instancia, el uso de la IA en los gobiernos promete una administración más eficiente, justa y centrada en el ciudadano en tanto se aborden de manera efectiva los desafíos éticos y técnicos. Con un enfoque colaborativo, una sólida atención a la ética y un compromiso constante con la mejora, los gobiernos pueden aprovechar al máximo las ventajas de la IA en beneficio de la sociedad en su conjunto. La IA en los gobiernos tiene el poder de impulsar una administración pública innovadora y orientada al ciudadano, siempre que se adopte con responsabilidad y ética.

Referencias

Berglind, N., Fadia, A., Isherwood, T. (2022). The potential value of AI and how governments could look to capture it. *McKinsey & Company*. https://www.mckinsey.

com/industries/public-sector/our-insights/the-potential-value-of-ai-and-how-governments-could-look-to-capture-it.

Gartner. (s.f.) *What Is Digital Government?* https://www.gartner.com/en/topics/digital-government#:~:text=Digital%20government%20is%20designed%20and,and%20transform%20digital%20government%20services.

Kaarma, J. (2018). How E-Residency of Estonia Uses AI to Help Users Get Answers Instantly and Increase Customer Satisfaction. *Chatbots Magazine.* https://chatbotsmagazine.com/how-e-residency-of-estonia-uses-ai-to-help-users-get-answers-instantly-and-increase-customer-e07e052beb4f.

Misuraca, G., & van Noordt, C. (2020). Overview of the use and impact of AI in public services in the EU (EUR 30255 EN, JRC120399). *Publications Office of the European Union.* DOI:10.2760/039619.

Rohaidi, N. (2018). How machine learning helps Singapore swat dengue. *GovInsider.* https://govinsider.asia/intl-en/article/dr-ng-lee-ching-nea-singapore-dengue-machine-learning.

Capítulo 6.

Derechos de autor en la era digital: un diálogo con la inteligencia artificial

El concepto de *propiedad intelectual* aparece por primera vez en la historia en 1421, cuando Filippo Brunelleschi, arquitecto de la cúpula de la Catedral Santa María del Fiore en Florencia, decía haber creado un nuevo tipo de embarcación que podría reducir los costos del transporte de mercancías a lo largo de los ríos. Para compartir su trabajo exigió la garantía de que solo él podría explotar comercialmente su invención, y fue así como la ciudad de Florencia accedió a darle ese beneficio por un término de tres años, pero el barco se hundió y la ciudad de Florencia no expidió más patentes (Díaz, 2022). Posteriormente, en 1474, la República de Venecia expidió el Estatuto de Venecia, el primer Régimen Jurídico de Patentes. El documento alude a otorgar patentes a las obras y artilugios creados por la mentes más inteligentes, perfeccionados a tal punto, que puedan ser útiles a los demás. Con este fin, se prohibía que terceros copiaran cualquier invención sin la autorización del dueño de la patente y se establecieran sanciones monetarias para quienes infringieran esta prohibición.

Posterior a los sucedido en la República de Venecia, muchos estados empezaron a crear sus propios regímenes de patentes para atraer a comerciantes y fomentar el desarrollo económico, pero luego de un tiempo se hizo evidente la necesidad de tener claridad acerca de quién había sido en efecto el inventor original. Las patentes podían ser registradas por cualquier persona y, en muchos casos, servían únicamente para crear monopolios de invenciones que ya existían en otros lugares. Por esta razón Inglaterra creó el Estatuto de los Monopolios, el cual anuló todas las patentes que no estaban en manos de los inventores originales, en una clara intención por regular de forma más precisa la manera en que se otorgaban las patentes.

Desde entonces, muchos son los avances en leyes de propiedad intelectual, hubo intentos en Francia, Inglaterra y Estados Unidos que buscaron regular este concepto, como en el caso de los derechos de autor en obras literarias o en técnicas como el bordado de la seda. Lo que vino después fue una armonización internacional de toda esta legislación, se buscaron estándares comunes y un sistema conjunto que permitiera que las patentes de las invenciones fueran válidas en todo el mundo para proteger los derechos de los creadores de manera certera y homogénea.

Esta breve recapitulación acerca de la creación de la ley de propiedad intelectual evidencia que su propósito es proteger la potestad del creador sobre sus invenciones, sean estas industriales, artísticas o literarias. En ese sentido, cuando hablamos de la propiedad intelectual e incorporamos el factor inteligencia artificial, es necesario contemplar cómo es que funciona la asignación de la autoría de cualquier producto cuando está la IA de por medio. Y es que el hecho de que el ser humano haya inventado una tecnología que crea por sí sola diferentes productos, desafía por completo el paradigma que había regido la regulación hasta ahora.

El debate que suele darse es el de *a quién se le debe considerar dueño de una creación de la IA*. Hay quien dice que debería dársele la autoría a los programadores que desarrollaron la IA, otros que debería ser la empresa dueña de la IA y otros que debería otorgársele a la misma IA como entidad autónoma.

Un factor para considerar es que en el momento de la creación de una regulación alrededor de la propiedad intelectual, el objetivo fue proteger y premiar la creatividad humana. El espíritu del Estatuto de Venecia era proteger esas mentes ingeniosas que creaban dispositivos útiles para la sociedad, en ese sentido, cuando se regula la propiedad intelectual alrededor de la IA se debería pensar en proteger las invenciones de las personas. Lo que sucede es que ya está claro que se protege la creación del programador y que la IA le pertenece a él y a la empresa en la que se desarrolla. El problema aquí es lo difícil que resulta considerar a la IA como una simple herramienta, porque mientras es evidente que lo creado con un computador es de quien usa el computador para crearlo, lo que se crea con la IA no es propiamente creación del que le da uso.

Sin embargo, no es sencillo atribuir creatividad a una IA. Este es un debate que se ha venido extendiendo en el tiempo y que tiene ramas muy intrincadas. Por un lado, ¿bajo qué noción de creatividad se podría decir que la IA es en efecto creativa? Hay un condicionamiento claro respecto a los productos que puede entregar la IA y es que de acuerdo con los datos con los que fue entrenada y a las instrucciones que formulan los programadores, es la IA, propiamente, la que crea siguiendo un modelo que determina si su creación fue exitosa según sus parámetros.

En la *Enciclopedia de Filosofía de Stanford*, en el artículo sobre la creatividad, Elliot Samuel y Stokes (2023) proponen una manera de evaluar si las IA son creativas usando el criterio de Searle correspondiente a la IA fuerte y la IA débil. Searle (1980) le responde a la prueba de Turing, que dice: «Si una máquina es capaz de responderle preguntas a un humano y el humano no es capaz de diferenciar a la máquina de una persona, la máquina puede considerarse inteligente».

Para Searle esto sería IA débil, una máquina que se comporta como si fuera inteligente, pero que funciona y se comporta no necesariamente para llamarse de ese modo. Para ello se necesitan otros criterios que determinen que la máquina es en efecto inteligente, lo que sería la IA fuerte. Lo que dicen Elliot Samuel y Stokes es que se podría aplicar un criterio similar a la creatividad artificial (CA). Habría que pensar que CA tiene dos vertientes, la fuerte y la débil. La débil sería la que se comporta como si fuera creativa, que produce un *output* que parece ser creativo y que en ese sentido podría, por ejemplo, ser objeto de una patente.

La CA fuerte sería la creativa, la que cumple con los parámetros de lo que consideramos *creatividad* en los seres humanos. Para ello, este artículo menciona unos criterios (espontaneidad, originalidad y novedad) y discute ejemplos en los que la IA parece estar cumpliendo o no con ellos.

Esta es una discusión importante que nos puede ayudar a entender mejor el estatus que le damos a las máquinas, pero que, en lo referente a legislar alrededor de la creatividad y la propiedad intelectual, por el momento, no sería útil. Y es que, si le otorgamos a las IA el título de creativas y decimos que lo que producen es de su propiedad, con el fin de argumentar que tienen un derecho sobre tales producciones, habría que constituir a la IA como un sujeto de derecho independiente con derechos y atributos, no sólo de propiedad intelectual.

Este debate también se ha dado en la filosofía y tiene muchísimas ramas. Se puede debatir sobre si la IA es un sujeto ético con sentimientos o al que se le puede exigir que actúe de manera correcta, lo que lleva a otra serie de debates en el derecho, ¿una inteligencia artificial puede ser titular de derechos de autor?, ¿puede contraer una obligación?, ¿puede tener personalidad jurídica? Puede ser. Sin embargo, hoy en día, lo verdaderamente importante es resolver las disputas en las que hay personas constituidas como sujetos de derecho reclamando una cierta propiedad intelectual sobre las producciones de la IA. Por esta razón, en lo que resta de este capítulo haremos un breve recorrido sobre cómo la ley contemporánea ha tratado de resolver el problema de la inteligencia artificial y la propiedad intelectual.

Ya tenemos varias respuestas acerca de la manera en que la ley debe ver la relación entre inteligencia artificial y derechos de propiedad intelectual. A medida que la IA se integra en la creación artística y la innovación científica, surge la necesidad de comprender y regular cómo estas creaciones automatizadas se ajustan a las normas existentes de derechos de autor y propiedad intelectual.

Como se ha mencionado, la capacidad de aprendizaje de la inteligencia artificial se basa en los datos con los que se alimenta. En el contexto de la creación artística, musical y literaria, las IA son alimentadas con datos para generar nuevas obras mediante instrucciones específicas. En este proceso, la obra se genera a través de la red neuronal de la IA, de manera análoga al proceso del pensamiento humano (Guadamuz, 2017).

Guadamuz (2017) sostiene que los derechos de autor en obras desarrolladas por inteligencia artificial tienen una aplicación difusa, ya que solo gozan de protección cuando se consideran originales, y para lograrlo, se requiere la intervención de un creador humano. Este enfoque está respaldado por legislaciones internacionales.

La complejidad en torno a los derechos de autor relacionados con obras creadas por sistemas de inteligencia artificial aborda el problema desde tres escenarios (Pulido y Mateus, 2023). En primer lugar, se contempla la noción de que el usuario que emplea la IA es el autor de la obra, ya que esta se crea mediante el uso de herramientas tecnológicas. En segundo lugar, se considera a la IA como un instrumento en el que el usuario se convierte en coautor de la obra. En tercer lugar, se plantea la idea de que la IA puede generar creaciones autónomas, las cuales se categorizan como de dominio público y no se aplican a las leyes de derechos de autor.

Un ejemplo de este último escenario se dio en Estados Unidos en el 2022 cuando un desarrollador de *software* reclamó los derechos de autor de una pieza visual generada por inteligencia artificial. Esta demanda fue rechazada dado que el Registro de Derechos de Autor argumentó que la obra carecía de autoría humana.

Stephen Thaler, desarrollador del *software* Creativity Machine, argumentaba que los derechos de autor de las obras generadas por su tecnología debían reconocerse como de su propiedad. Sin embargo, la jueza del caso señaló que, para conceder derechos de autor, la creatividad, definida como la «contribución única y original de la mente humana» (Ley de Derechos de Autor de EE. UU. de 1976), es el valor fundamental, requisito que no cumplía la obra demandada y que, en ese sentido, las obras creadas por medio de la inteligencia artificial están influenciadas por datos y algoritmos y el humano no hace parte de las decisiones creativas.

Hristov (2017) sugiere que las obras creadas por inteligencia artificial pueden dividirse en dos grupos. En el primero, encontramos programas de IA que son dirigidos por un ser humano durante la creación: «Un ejemplo puede ser la creación de una pintura en la que el artista determina los colores, el tipo de herramienta usada y demás requerimientos para que el algoritmo de la IA cree la obra artística» (pág. 435). En este caso, según el autor, la obra puede tener derechos legales si se menciona el programa de IA utilizado.

En la segunda categoría, la cual engloba la obra objeto de la demanda de Thaler, se trata de obras generadas de manera automática por la inteligencia artificial. En este contexto, la creación asigna formas y figuras de forma aleatoria, sin atribución directa a la creatividad humana ni al programador de la IA, ya que el resultado se determina mediante algoritmos y datos de manera no dirigida.

La Ley de Derechos de Autor de Estados Unidos, promulgada en 1976, establece claramente que obras producidas por máquinas o procesos mecánicos que operan de manera aleatoria o automática, sin la intervención creativa de un autor humano, no son registrables bajo derechos de autor. Por lo tanto, las obras generadas bajo la segunda categoría, como las explicadas anteriormente, se consideran de dominio público según esta ley y pueden ser utilizadas y reutilizadas libremente por cualquier usuario.

Según Hristov (2017), esta regulación desalienta a los artistas en su intención de aprovechar la inteligencia artificial como herramienta en su proceso creativo, ya que carecen de los instrumentos legales para proteger las obras generadas y para obtener compensación económica por las mismas. En conclusión, estos hechos podrían limitar la innovación y la inversión en la investigación de inteligencia artificial con fines artísticos.

En contraposición a lo anterior, algunos países como el Reino Unido han establecido en sus leyes de derecho de autor que en la creación de «una obra literaria, dramática, musical o artística generada por una computadora, se considera al autor como la persona que realiza los arreglos necesarios para la creación de la obra» (artículo 9.3, Ley de Derechos de Autor, Diseños y Patentes Reino Unido). Así mismo, según esta legislación, una obra generada por computadora es aquella que «es generada por una computadora en circunstancias tales que no existe un autor humano de la obra» (artículo 178 Ley de Derechos de Autor, Diseños y Patentes Reino Unido).

En 2023, según un informe de Reuters, la Unión Europea implementó un modelo de derechos de autor dirigido a las inteligencias artificiales generativas. Este modelo establecía que los creadores y desarrolladores de dichas tecnologías estaban obligados a ser transparentes acerca de los datos que utilizaban con derechos de autor para entrenar sus algoritmos. Esta medida refleja la creciente preocupación por la transparencia y la ética en el desarrollo de inteligencia artificial, y busca abordar aquellas cuestiones relacionadas con la propiedad intelectual y la utilización de datos en la formación de algoritmos.

América Latina no ha sido indiferente frente a esta discusión. Según Karisma (2023), «varios países de la región han formado grupos de trabajo y han emprendido consultas públicas como parte del proceso de formulación de estrategias nacionales de IA» (pág. 21). No obstante, la conversación está en una etapa muy temprana y se ve influenciada por la falta de alfabetización en temas de derechos de autor, especialmente en lo relacionado con «el acceso no autorizado a materiales y bases de datos» (pág. 27), en lugar de abordar discusiones específicas sobre el papel de la inteligencia artificial en los procesos de creación artística. En Colombia, por ejemplo, la legislación sobre el tema es similar a la Ley de Derechos de Autor de Estados Unidos en la cual, solo el ser humano, cuenta con derechos de autor sobre una obra.

En los últimos meses, la discusión sobre los derechos de autor y la inteligencia artificial ha cobrado relevancia con la creación de canciones que son notablemente similares a las de reconocidos artistas como Bad Bunny, Kanye West o Drake. Según Gervais (2020), una IA puede ser instruida con diversos géneros musicales populares para identificar elementos como melodía, armonía y tono, imitándolos luego para componer una canción que englobe dichos elementos. En este escenario, la autoría de la canción no se atribuye a un creador humano, ya que es la inteligencia artificial la que, a través de los datos con los que es alimentada, da origen a la composición.

Según Clifford Chance (2023), las grabaciones de sonido están amparadas por las normativas de derechos de autor. No obstante, para que una canción o letra esté protegida, debe tratarse de una creación original, concepto entendido como la *creación intelectual de un autor*. En el caso de la imitación de voces generadas por la inteligencia artificial, como en las canciones de los artistas mencionados anteriormente, el artículo señala que según la legislación de derechos de autor en Inglaterra o la Unión Europea, hasta el momento, las voces producidas por modelos de imitación vocal mediante sintetizadores de IA no están protegidas por derechos de autor, ya que aún no se ha identificado de manera clara y precisa cuál sería el objeto de protección en este contexto.

No obstante, conforme a la Ley de Derechos de Autor de Estados Unidos, la infracción se materializa cuando una obra es sustancialmente similar a la original o se realiza una copia de la totalidad, o de una parte sustancial de la obra específica. Bajo esta premisa, según Clifford Chance (2023), si una inteligencia artificial copiara melodías o letras específicas de una canción, se estaría incurriendo en una infracción de derechos de autor. Sin embargo, la identificación de ejemplos precisos de tal copia podría resultar desafiante, dado que las herramientas de IA tienden a crear sonidos similares más que duplicados exactos. Indudablemente, este concepto aún se encuentra en desarrollo y carece de una determinación concreta por parte de las normas internacionales de derechos de autor.

En conclusión, resulta evidente la necesidad de actualizar y adaptar las normativas de protección de derechos de autor para considerar la creación de obras artísticas mediante el uso de herramientas de inteligencia artificial. Este ajuste debe llevarse a cabo dentro de un marco regulatorio flexible que establezca directrices para la atribución de las obras, sin obstaculizar la innovación en estos campos, al mismo tiempo que promueve el fomento de la innovación y la investigación en el ámbito de estas herramientas.

La discusión órbita alrededor del dilema de la atribución de las obras generadas por IA. Ya hemos visto lo problemático que resulta considerar a la IA como una simple herramienta y que su estatus legal lleva a plantear preguntas sobre cómo deben funcionar los derechos de autor cuando está involucrada. Para resolver este dilema, una de las preguntas fundamentales es la de si la IA puede ser creativa, pero ese debate es difícil de responder por lo que se hace necesaria una respuesta más diligente de parte de la ley. Por esta razón, exploramos varios enfoques legales.

Lo que es evidente, es que se requiere, no solo una colaboración internacional, también la estandarización de los derechos de autor como sucedió en el siglo XX, pues se deben considerar nuevos factores como transparencia y responsabilidad del uso de datos, algoritmos en creaciones artísticas y compensación económica por los mismos. Con una regulación clara, actualizada y flexible se pueden proteger los derechos de autor y seguir fomentando la innovación en IA.

Referencias

Clifford Chance. (2023). *AI Generated Music and Copyright.* https://www.cliffordchance.com/insights/resources/blogs/talking-tech/en/articles/2023/04/ai-generated-music-and-copyright.html#:~:text=For%20sound%20recordings%2C%20these%20are,they%20must%20be%20%22original%22.

Díaz, L. M. (2022, 17 de febrero). ¿Cómo surgió la Propiedad Intelectual? *Noticias. Universidad Externado de Colombia.* https://propintel.uexternado.edu.co/en/como-surgio-la-propiedad-intelectual/.

Fundación Karisma. (2023). *Políticas de inteligencia artificial y Derechos de Autor en América Latina.* https://web.karisma.org.co/wp-content/uploads/2023/03/Informe_Politicas_Inteligencia_Artificial_DDHH_LATAM.pdf.

Gervais, D. J. (Year). The Machine as Author. IOWA LAW REVIEW, vol. 105, 2053-2106. https://papers.ssrn.com/sol3/papers.cfm?abstract_id=3359524

Hristov, K. (2017). Artificial Intelligence and the Copyright Dilemma. IDEA: The IP Law Review, 57(3). https://papers.ssrn.com/sol3/papers.cfm?abstract_id=2976428

Kelly, G. (2023). *US Court Rejects Copyright Application for 'Creativity Machine' AI.* Mason Hayes & Curran. https://www.mhc.ie/latest/insights/us-district-court-rejects-copyright-application-for-creativity-machine-ai.

Mukherjee, S., Chee, F. Y., & Coulter, M. (2023). *EU proposes new copyright rules for generative AI. Reuters.* https://www.reuters.com/technology/eu-lawmakers-committee-reaches-deal-artificial-intelligence-act-2023-04-27/.

OMPI. (2021). Reino Unido: Reglamento de Propiedad Intelectual (agotamiento de derechos) de 2019 (Retirada de la Unión Europea) (Instrumento legislativo 2019/265). https://www.wipo.int/news/es/wipolex/2021/article_0005.html.

Paul, E. S., & Stokes, D. (2023). Creativity. En *The Stanford Encyclopedia of Philosophy,* E. N. Zalta & U. Nodelman (Eds.), Spring, 2023. https://plato.stanford.edu/archives/spr2023/entries/creativity/.

Pulido Galindo, M. P., y Mateus Báez, B. A. (2023). La necesidad de la regulación sobre inteligencia artificial en el desarrollo de nuevas creaciones protegidas por derechos de autor. Artículo presentado para optar por el título de Especialista en Derecho Comercial, Universidad Libre de Colombia. https://repository.unilibre.edu.co/bitstream/handle/10901/25323/LA%20NECESIDAD%20DE%20LA%20REGULACIÓN%20SOBRE%20IA%20POR%20DERECHOS%20DE%20AUTOR%20%281%29.pdf?sequence=1&isAllowed=y.

Rico Muñoz, A. (2023, 21 de abril). Conozca las cinco nuevas modalidades de robo electrónico y cómo protegerse de ellas. *La República.* https://www.larepublica.co/finanzas-personales/conozca-las-cinco-nuevas-modalidades-de-robo-electronico-y-como-protegerse-de-ellas-3597708.

Searle, J. R. (1980). Minds, Brains, and Programs. *Behavioral and Brain Sciences,* 3(3), 417-424. https://doi.org/10.1017/S0140525X00005756.

Thaler v. Perlmutter, Civil Action No. 22-1564 (2023), U.S. District Court for the District of Columbia, Judge Beryl A. Howell. https://ecf.dcd.uscourts.gov/cgi-bin/show_public_doc?2022cv1564-24.

Conclusiones y lecciones éticas acerca de la inteligencia artificial

A continuación, se presenta un decálogo de los principios que sintetizan las recomendaciones generadas a lo largo de este texto.

1. **Enfoque en el bienestar común**

   La investigación, el desarrollo y la implementación de la inteligencia artificial debe centrarse en mejorar y garantizar el bienestar social, evitar cualquier forma de perjuicio o daño a individuos o grupos poblacionales y evaluar su impacto de forma permanente.

2. **Transparencia y comprensión**

   Se debe promover la transparencia en las decisiones tomadas por los sistemas de IA para garantizar procesos comprensibles y éticamente aplicables. Este enfoque busca evitar la opacidad en el funcionamiento de la IA y proporcionar claridad en el cómo se llega a la toma de decisiones.

3. **Respeto a la privacidad y derechos humanos**

   Los desarrolladores y equipos de trabajo enfocados en la IA deben priorizar la protección de la privacidad y respetar los derechos humanos fundamentales. Esto implica salvaguardar los datos personales y prevenir cualquier forma de discriminación o sesgo en su aplicación, a través de la implementación de prácticas éticas.

4. **Mantenimiento del control humano**

   La toma de decisiones de carácter crítico generadas por la IA debe permanecer bajo supervisión y control de los seres humanos en quienes recaerá la responsabilidad de garantizar la seguridad, confiabilidad y respeto de los derechos de las decisiones automatizadas.

5. **Desarrollo ético**

   Los equipos de trabajo involucrados en el desarrollo de sistemas de IA deberán ser diversos y recibir formación ética para asegurar que se conocen los riesgos inherentes y se propicie un desarrollo y uso responsable. Es indispensable que antes de la implementación se realicen evaluaciones éticas de impacto para hacer frente a posibles consecuencias negativas.

6. **Potencial transformador**

   Se debe reconocer el potencial de la IA como agente de cambio positivo y su implementación debe procurar la solución de problemas sociales y contribuir al desarrollo comunitario sin perpetuar dinámicas de discriminación, violencia y rechazo.

7. **Abordaje de desafíos éticos y regulatorios**

   La regulación de la IA debe anticipar y prevenir posibles abusos éticos y prácticos en su implementación. Esto implica la creación de marcos regulatorios que aborden posibles desafíos, así como garantizar la colaboración internacional para establecer estándares éticos globales.

8. **Equidad en la accesibilidad y utilidad**

   Para evitar que la IA contribuya a ampliar brechas sociales se debe garantizar la equidad y la igualdad en el acceso a sus beneficios. Los desarrolladores tienen la responsabilidad de comprometerse a mitigar cualquier efecto adverso que la IA pueda tener en la perpetuación de desigualdades.

9. **Colaboración global**

   La comunidad internacional debe colaborar en la creación de estándares éticos y regulatorios globales que aseguren que las normativas reflejan la diversidad de perspectivas y valores.

10. **Auditorías éticas y participación ciudadana**

    La implementación de la IA debe someterse a auditorías éticas periódicas para evaluar su cumplimiento. La participación ciudadana en la creación y evaluación de garantías éticas asegura una representación diversa de perspectivas y valores y promueve un desarrollo ético y sostenible.

Sobre los autores

David Luna Sánchez

Abogado de la Universidad del Rosario con especialización en Derecho Administrativo de esta misma institución y Magister en gobierno y políticas públicas de la Universidad del Externado de Colombia. Fue research fellow en el MIT -Massachusetts Institute of Technology-, y cuenta con más de 25 años de experiencia en el sector público, donde ha ocupado diversos cargos como Ministro de Tecnologías de la Información y Comunicaciones (TIC), Alto Consejero Presidencial para las Regiones y Viceministro de Relaciones Laborales. También fue Representante a la Cámara por Bogotá, 2 veces Concejal de Bogotá y Edil de Chapinero. Fue presidente de la Alianza IN (Primer Gremio de Aplicaciones e Innovación) y director de AlCentro. Actualmente es Senador de la República.

María Paula Forero Sánchez

Politóloga y Comunicadora Social de la Universidad Javeriana. Con experiencia en medios de comunicación, gremios especializados en tecnología y procesos regulatorios de economía digital. Actualmente se encuentra cursando una maestría en Gerencia de la Innovación.